Gottesdienstpraxis

Serie A:
Arbeitshilfen für die Gottesdienste zu den Sonn- und Feiertagen des Kirchenjahres

Herausgegeben von Erhard Domay
und Horst Nitschke

Gütersloher Verlagshaus Gerd Mohn

Gottesdienstpraxis

1. Perikopenreihe

Band 1: 1. Sonntag im Advent bis Okuli

Gütersloher Verlagshaus Gerd Mohn

CIP-Kurztitelaufnahme der Deutschen Bibliothek

Gottesdienstpraxis/ hrsg. von Erhard Domay und
Horst Nitschke. – Gütersloh: Gütersloher
Verlagshaus Mohn
NE: Domay, Erhard [Hrsg.]
Ser A, Arbeitshilfen für die Gottesdienste zu den
Sonn- und Feiertagen des Kirchenjahres.
Perikopenreihe 1.
Bd. 1. 1. Sonntag im Advent bis Okuli. – 1984
ISBN 3-579-02800-6

ISBN 3-579-02800-6

Satz: Satz-Service-Berkemeier, Gütersloh
Druck und Bindung: Ebner Ulm
Umschlagentwurf: Franz Wöllzenmüller, Oberhaching
Printed in Germany

Inhalt

1. Sonntag im Advent

Predigttext: Matthäus 21,1–9
Beate Stierle

Theologische Skizze

Diese Geschichte zieht mich schon seit Kindertagen merkwürdig an. Ich denke, es ist vor allem das Doppelgesicht der Geschichte, das mich bewegt. Sie erscheint im Kirchenjahr gleich zweimal: Sie ist Auftakt zum Weihnachtskreis und sie leitet die Geschehnisse der Passionswoche ein. Dies beides gehört also zuammen, muß zusammengedacht, zusammengebracht werden: Weihnachten und Karfreitag; der Anfang muß vom Ende her begriffen werden. Die Geburt im Stall, die Engel, die frohe Botschaft vom Frieden auf Erden und vom Reich der Hoffnung und des Trostes für die Armen kann nicht abgelöst werden vom Geschehen auf jenem Hügel in Jerusalem, wo man Verbrecher hingerichtet hat, also von dem qualvollen Tod eben desjenigen, der dies alles ankündigte, und nicht nur angekündigt, sondern greifbar nahe gebracht hat. Die Botschaft von der Nähe Gottes gehört zusammen mit dem verzweifelten Schrei jenes hilflosen Mannes am Kreuz: Mein Gott, mein Gott, warum hast du mich verlassen?
Dazwischen steht – gleichsam als Mitte und Wende des Evangeliums von Matthäus – die Geschichte vom Einzug Jesu in Jerusalem, der Übergang von seinem Wirken in der Provinz zu seinem Wirken und Leiden in der Hauptstadt. Eine Geschichte, die gleichsam wie in einem Brennpunkt den Anfang und das Ende umschließt.
Vorher das Wirken Jesu in Galiläa. Wir sehen ihn, wie er mit seinen Jüngern durch die Dörfer zieht und sich den Menschen zuwendet, liebevoll, ›sanftmütig‹, wie Matthäus betont, und freundlich. Wie er hilft, wie er heilt, wie er predigt: Selig sind die geistlich Armen, denn das Himmelreich ist ihr (5,3). Warum habt ihr so viel Angst (8,26)? Steh auf, nimm dein Bett und geh (9,6)! Kommt her zu mir alle, die ihr mühselig und beladen seid (11,28). Ich aber sage euch ... (5,20 u.ö.) Die Rede vom Himmelreich, das einem Senfkorn gleich wächst (13,31f), vom Vater, dessen Willen geschieht (6,10) ... Ein Mensch, der im Namen Gottes redet, der damit zwar auch Anstoß erregt, aber noch viel stärker, dort in der Provinz, die kleinen und großen Hoffnungen der Menschen weckt; Hoffnung und Träume, die bis ins Politische gehen.
Nachher, in der Hauptstadt, wird der Anstoß, der in dem Wirken Jesu enthalten ist, zur grundsätzlichen Auseinandersetzung mit den religiösen Machtführern der Zeit. Es wird jetzt deutlich: Jesus ist einer, der im Namen Gottes ihr Denksystem in Frage stellt. Ja, sein Reden und Handeln ist ein Angriff auf alle Religion, auf Tradition, auf Recht und auf Macht. Mir wird zunehmend deutlich, daß die Texte, die nach der Geschichte vom Einzug Jesu in Jerusalem bei Matthäus stehen, ganz andere, neue

Töne anschlagen. Stand vorher der Helfer und Heiland im Vordergrund, so wird jetzt der offensive Charakter des Wirkens Jesu enthüllt. Seine Worte greifen in apokalyptische Weiten hinaus. Was hier geschieht, scheidet die Zeiten, deutet die gegenwärtige Zeit und Welt als eine, die zu Ende geht, die zu Ende gehen muß. Jesus stößt jetzt die Tische der Händler im Tempel um. Seine Gleichnisse thematisieren die Gedanken von Gericht und Verdammung. Weherufe werden laut. Es geht um Endgültiges. Ein letzter Anspruch ist im Spiel.

So spitzt sich der Streit mit den religiösen Führern zu. Er wird grundsätzlich. Und es wird deutlich: Jesu Wirken kann nicht nur auf einer zwischenmenschlichen, persönlichen Ebene interpretiert werden. Sein Wirken greift ins Politische hinein. Er stellt Ordnung und Systeme in Frage. Und er ist darin noch mehr als ein Profet. Er ist einer, der mit Zusage von Liebe und dem Erweis seiner Menschlichkeit das Bestehende zugleich aus den Angeln hebt; der eine andere Macht verkörpert, eine Macht, die *vor* Recht und Ordnung geht. Darum muß er beseitigt werden und wird er beseitigt. Ein unpolitischer Mensch hätte als Narr wohl weiterwirken können. Nicht er. – Beides gehört also zusammen, muß zusammengedacht werden: Der heilende, tröstende, der menschlich-nahe Jesus, der das Himmelreich ansagt und verkörpert, ist zugleich eine apokalyptische, politisch wirksame Gestalt, die die Äonen scheidet, die im Namen Gottes das Ende der Welt ansagt und bei deren Tod, wie Matthäus erzählt, nicht nur der Vorhang im Tempel zerreißt, sondern sogar die Erde bebt (27,51 vgl. 21,10).

Beides gehört zusammen, verbindet sich in der Geschichte vom Einzug in Jerusalem, wo freilich noch alles offen ist. Noch ist er da, der Retter und Helfer. Er kommt nach Jerusalem, in die Stadt Davids. Ja, noch ist alles offen. Man kann ihm ›Hosianna‹ entgegenrufen: Herr, hilf uns! Und ich denke mir, die Erfahrungen der Leute vom Land, der kleinen Leute aus der Provinz mit diesem Mann schwingen mit in diesem Ruf. Die Hoffnung und Sehnsüchte, die sein Wirken dort draußen genährt hat, fließen ein in dies Rufen, begleiten ihn, bereiten ihm diesen stürmischen, jubelnden Empfang. Man wartet auf ihn. Man braucht ihn. Man hofft auf ihn. Und so verdichten sich die Erwartungen, steigern sich, greifen auch ins Politische hinein: Ist er nicht doch der neue König, der zweite David, der das politische Reich wiederherstellen wird?

Und so beginnt, allerdings anders, ganz anders, als es sich die jubelnde Menge damals wohl vorgestellt haben mag, die Königsherrschaft Jesu Christi. Es ist keine Herrschaft, die das Reich Davids wiederaufrichten wird. Die römische Fremdherrschaft wird nicht abgeschafft. Ein Königreich der Liebe und Gewaltlosigkeit beginnt, hat schon begonnen, das Macht und Gewalt als solche in Frage stellt und belacht werden wird: ein König des Spottes, dem eine Krone aus Dornen aufgesetzt wird; der stirbt; ein elender und wehrloser, der Gewalt anderer ausgelieferter Mensch. Neben Verbrechern und verwechselbar mit ihnen stirbt er den Sklaventod am Kreuz. Und gerade so ein Ereignis, in dem – allem Augenschein zum Trotz – unser Glaube die Wende der Welt erblickt, den Anbruch des Reiches Gottes, das Hoffnung und Frieden und Zukunft für alle Elenden enthält und eben anbricht in Jesus Christus, dem Sohn Gottes, dem König in der ›Hülle des kleinen Mannes‹ (Doerne), der die Gewalt und Stärke und Macht mit seiner saften Macht entthront, entthront *hat* für alle Zeiten.

Überlegungen zur Liturgie

Auswahl der Lieder:

Natürlich Lied Nr. 6 und 14 mit sämtlichen Strophen.
Auch das Friedenslied: Weil Gott in tiefster Nacht erschienen (Beiheft 72, Nr. 943; im Liederheft des Hannoverschen Kirchentags Nr. 766).
Vom Lied 10 außer den Eingangsversen auch die Verse 6 + 7.
Vom Lied 7 die Verse 3 + 5.

Die adventlich etwas karge Liturgie könnte man durch eine Litanei auffüllen: Aus Psalm 24 etwa die Verse 7 – 10 oder die Weissagung des Sacharja 9,9 mit dem angehängten Vers 10, der den Frieden als Vision der Entwaffnung sieht.

Gebete:

1. Herr, wie jedes Jahr im Advent werden auch jetzt unsere Hoffnungen wach. Sie erhalten Nahrung durch die Botschaft von der Geburt des Kindes im Stall und die Verheißung deines Reiches. Herr, wir warten auf Liebe und Frieden. Wir warten darauf, daß du kommst und dein Reich beginnt. Herr, laß uns doch deine Nähe spüren.
2. Herr, du warst bei den Menschen damals, als dein Sohn geboren war. Du hast ein Licht vor ihnen entzündet, als es dunkel war. Du hast sie reich gemacht, als sie arm waren. Du hast sie froh gemacht, als sie elend waren. Du hast ihnen Mut gemacht, als sie müde waren. Du hast ihr Leben mit der Ahnung vom Reich Gottes und seiner Herrlichkeit erfüllt. Herr, wir bitten dich, komm auch zu uns. Laß uns deine Nähe spüren. Begleite uns in diesem Advent mit deiner Liebe und mit deinem Frieden. Komm dorthin, wo es dunkel ist, und entzünde dein Hoffnungslicht. Komm dorthin, wo Menschen arm sind und auf Gerechtigkeit und Brot warten; wo Unfrieden herrscht; wo auf Macht und Gewalt gesetzt wird. Mach uns reich an deiner Liebe füreinander. Mach uns reich an Phantasie für den Frieden. Verbreite die Hoffnung auf deine Reich überall unter uns. – Komm zu uns, Herr, und mache uns froh. Laß deine Herrlichkeit über uns leuchten. Laß sie leuchten bei allen unter uns, die einsam oder krank sind; die sich quälen; die friedlos oder mutlos sind. – Komm zu uns und zu aller Welt, o Gott, damit wir dich von Herzen loben können.

Die Predigt

Möglicher Beginn:

Ich habe vor einigen Tagen Post aus Israel bekommen. Eine ältere Bekannte hat sich jetzt endlich die Fahrt nach Israel geleistet. Sie wollte schon lange einmal das Land sehen, das für Ihren Glauben so bedeutungsvoll ist. »Wir verbrachten eine Tag am Goldenen Tor«, schreibt sie,

»zu dem der Messias einziehen soll, auf dem riesigen Friedhof am Ölberg, wo sich fromme Juden aus aller Welt beerdigen lassen, um nahe zu sein, wenn der Messias kommt. Lange saßen wir dort in der Sonne nach einem Steilanstieg vom Kidrontal und dem Gethsemane-Garten, von dem ich bitter enttäuscht war. Es ist nur noch ein kleiner, eingezäunter Hausgarten übrig. Aber oben am Berg hat man die Stadt vor sich liegen und das weite Land mit Bethphage und Bethanien ...«
Bethphage und Bethanien, – plötzlich ist das Land lebendig vor mir. Die Geschichte vom Einzug Jesu gewinnt Konturen. Ja, wie mag es gewesen sein, damals, als Jesu nach Jerusalem kam? Nach Jerusalem ist er gekommen, das steht fest. Aber ist er auf einem Esel geritten oder kam er still und unerkannt, wie Matthäus seinen zweiten Einzug am nächsten Morgen beschreibt? War er umgeben von einer jubelnden Menge, die seinen Empfang zwar nicht nach einem bestellten Protokoll, aber doch mit einer spontanen Demonstration registrierte? Ich weiß, daß man die Geschichten des Matthäus historisch nicht überfordern darf. Matthäus ist kein Historiker. Er verkündigt, wer der ist, der da kommt. Und doch stelle ich mir die Szene vor. Ich denke mir, einige Leute werden seinen Einzug schon bemerkt und ihn begleitet haben. Er war ja kein Unbekannter mehr. Nein, draußen auf dem Lande, dort in der Provinz hatte man ja schon Erfahrungen mit ihm gemacht. Man hatte von ihm gehört oder man hatte ihn selber gesehen. So werden schon Erwartungen, Wünsche und Hoffnungen diejenigen begleitet haben, die von seinem Einzug erfuhren.

Ich erzähle hier von den Erwartungen und Hoffnungen der begleitenden Leute, die sich an die Erfahrungen anschließen, die Menschen in der Provinz mit Jesus gemacht haben. Ich werden versuchen, *so* transparent davon zu erzählen, daß für heutige Zuhörer vorstellbar wird, welche persönlichen, religiösen und politischen Erwartungen mit der Person Jesu verbunden gewesen sind. Ich werde also weniger die Wunder betonen als das, was unmittelbar verständlich ist. Gleichwohl muß das Überschießende deutlich werden: Ein Freund und Helfer wird erwartet; ein religiöser Erneuerer und Profet, der im Namen Gottes redet; der den Armen und Elenden Gottes Nähe ansagt und selber nahe ist; einer, der sich zu einer politischen, zu einer apokalyptischen Figur verdichtet. Vielleicht doch ein König, der das Reich Davids wiederherstellen wird, der, im Sinne der Zeloten, die Römer vertreibt? ...
Ich reihe mich dann selber ein in die Reihe der Leute am Weg. Etwa so: Ich sehe mich gewissermaßen selber da stehen, am Weg, wo er vorbeiziehen wird, in der Menge, die ihm entgegenzieht. Ich stehe etwas abseits, im Hintergrund, nicht bei den Akteuren, sondern mehr als Zuschauer, der gespannt wartet: einer, der von der Menge und ihrem Jubel einfach mitge-

rissen wird und – wie sie – anfängt, Bilder zu entwerfen. Hoffnungs- und Zukunftsbilder ...

Ich erzähle dann von meinen persönlichen Erwartungen, vor allem von meinen Erwartungen an diesen Advent im Jahre 1984. Ich erzähle von Hoffnungen und Wünschen, die mir aus der Gemeinde entgegengebracht worden sind. Ich weise auf politische Hoffnungen hin, die das Wort vom ›Frieden auf Erden‹ und die Weihnachtsbotschaft jedes Jahr neu wieder weckt: die Erwartungen an eine gerechtere, menschlichere Welt, die ›Brot‹ für die Hungernden der Welt verteilt; die Hoffnung auf eine Verringerung der anonymen, bedrückenden Strukturen, z.B. in der Arbeitswelt; auf den Abbau von ökonomischen Interessen, Macht, Gewalt ... Je konkreter hier aus aktuellem Anlaß geredet wird und je mehr von der Gemeinde her gedacht wird, desto besser.

Ich möchte dann die genannten Erwartungen der Pilger, meiner und derer, die mir in der Gemeinde begegnen, kritisch im Lichte des Evangeliums befragen. Wie weit sind sie ausschließlich von einem privaten Glück diktiert? Wie weit sind sie Ausflüchte aus der Gegenwart? Wie weit geben wir uns damit Illusionen hin, bauen Traumschlösser einer heilen Welt abseits von der Realität? Wo lassen wir die Liebe Gottes und seinen Frieden ein? Wo lassen wir uns ein? Wo engagieren wir uns? Lassen wir es uns auch etwas kosten?

Ich rede in diesem Zusammenhang von dem Mann Jesus von Nazareth, von der Wende, die er verkörpert hat. Ich rede von dem Doppelgesicht dieser Geschichte, die die Engelbotschaft mit dem Galgen verbindet, die den Anfang vom Ende her verstehen lehrt. Ich rede von Jesu Botschaft vom Reich; von dem Glauben, den er zur Sprache gebracht hat; von der Liebe und dem Frieden, den er veranschaulicht; von dem darin implizierten Angriff auf die Mächte und Systeme und von deren Übermacht. Ich rede von der sanften Macht, die er verkörpert. Gewiß ein einzelner, und doch einer, der mir und vielen anderen immer wieder Hoffnung macht. Ich rede davon, wie mir das Kreuz Mut und Angst macht und daß sich meine Hoffnungen und Enttäuschungen zugleich klären im Blick auf diesen Mann. Ja, daß ich an die Durchsetzbarkeit seiner Macht glaube, wenn ich sehe, wie er da so sanftmütig und gewaltlos auf einem Esel nach Jerusalem reitet, in die Stadt, die ihn verdammen wird.

Möglicher Schluß

Es ist plötzlich alles lebendig, das Land, die Stadt ... Ich sehe den Mann vor mir, der da einzieht nach Jerusalem. Es ist schon einmal vor ihm ein König mit seinen Leuten eingezogen: David. Ich sehe die Menge der Leute, die diesem, der einzieht, zujubeln, voller Hoffnung. Und ich sehe mich selber dabei ... Wer ist dieser Mann? Wer ist der, dessen Geburt und

Kommen wir an Weihnachten feiern? Trägt er unsere Hoffnungen? Als König, als Profet, als Freund? Ist er ein Herrscher der Herzen? Ein starker Mann? Ein Mann Gottes? Ist er einer, vor dem die Erde bebt? Ich weiß, welche Erwartungen sich immer wieder an ihn knüpfen, wie mißverständlich viele dieser, auch meiner Erwartungen sind. Sie bringen mich manchmal weit weg von ihm. Ja, gehöre ich nicht vielleicht manchmal sogar zu denen, die sich wenige Tage später abwenden von diesem Mann, weil die Erwartungen in Enttäuschungen umgeschlagen sind? Oder trägt mich die Hoffnung, auch gegen den Augenschein? – Merkwürdig, wie sehr mich diese Geschichte immer wieder anzieht. Seit Kindertagen tut sie das schon. Sie lockt mich. Sie läßt mich lachen und weinen. Sie läßt mich hoffen und zweifeln zugleich. Manchmal freilich, wenn ich die Szene an mir vorbeiziehen lasse, ist mir fast, als ob er da auf dem Esel mich ansieht und mir winkt. Komm doch mit, höre ich dann. Zieh mit mir nach Jerusalem hinauf! Laß dich ein auf meinen Weg des Friedens. Und habe keine Angst dabei! – Und dann kann ich manchmal glauben: Auch das Dunkel ist ja nicht dunkel vor ihm. Nein, Krippe und Kreuz, sie sind beide Zeichen der Liebe Gottes.

Ergänzende Materialien

Bei dem Gedanken an das Doppelgesicht der Geschichte vom Einzug fällt mir das Weihnachtsbild des Rogier van der Weyden ein: Die Geburt Jesu in einer Ruine mit den drei Königen (Dia-Serie des Burckhardthauses; abgedruckt und kommentiert bei Jörg Zink: Lichter und Geheimnisse, Stuttgart 1976, S. 54 ff.). Die drei Könige sind in reichem Ornat und als große Herren dargestellt. Das Kind liegt nackt und bloß in Marias Schoß. Unscheinbar über dem Kind hängt, wie in einer bürgerlichen Wohnstube, als Zeichen ein Kruzifix an der Wand. Dieses Bild ist in seiner Tiefsinnigkeit unübertroffen. Wer statt langen Überlegungen lieber ein Bild beschreibt, kann dieses Bild als Fluchtpunkt für die doppelschichtige Geschichte vom Einzug verwenden.

In Luise Rinsers Buch ›Mirjam‹ (Frankfurt 1983), einer Darstellung der Geschichte Jesu aus der Sicht der Maria Magdalena (aus der Sicht einer Protestantin gewiß ein katholisch-unhistorisches, aber doch gelungenes Buch), ist auch die Geschichte vom Einzug Jesu in Jerusalem erzählt (S. 234 ff.). Luise Rinser läßt die wirklichen Ereignisse völlig in der Schwebe. Die Stärke ihrer Darstellung auch an dieser Stelle ist, daß sie die verschiedenen Positionen und Stellungnahmen, die dieses Ereignis hervorgerufen hat, in ihren Widersprüchlichkeiten schildert und stehen läßt. Am eindrücklichsten ist auch an dieser Stelle die Schilderung der Gestalt des Judas. Judas ist hier ein unglaublich positiver Mann, einer, der am meisten an den Meister glaubt, allerdings auch ganz konkrete Erwartungen an ihn im Blick auf die Änderung der Verhältnisse hat. In dieser Hinsicht ist Judas fast ein Mann der modernen politischen Szene. Judas' hochgestochene Erwartungen schlagen mit dem Einzug Jesu in Jerusalem um. Jesus ist eben doch nicht der, der die politi-

schen Verhältnissen ändert. – Ich könnte mir vorstellen, daß ein Prediger diese Zeichnung des Judas aufgreift und an ihr heutige Hoffnungen und Erwartungen und das Problem der Übersteigerung von Hoffnungen und ihr Umschlagen in Enttäuschungen in den Gemeinden seelsorgerlich ansprechen kann. Mit dieser ergreifend-tragischen Judas-Gestalt gewinnt nicht nur Judas neue Konturen, sondern könnte sich auch mancher jüngere Mensch identifizieren.
Ich habe nach bildlichen Illustrationen zu der Geschichte vom Einzug gesucht. Im oben genannten Buch von Jörg Zink (Lichter und Geheimnisse, Stuttgart 1976, S. 68 ff.) ist auch eine Darstellung dieser Art des sog. Schottenmeisters. Zink hat dieses Bild sehr stark vom Lukastext aus interpretiert: Könntest du doch verstehen, was deinem Frieden dient. – Ich habe Mühe, in diesem Bild die apokalyptischen Züge des Messias wiederzuerkennen. Jesus ist hier doch eher der große Mann (schon von der Größe der Darstellung her). Er ist gewiß gewaltlos, aber doch auch eindrücklich in seiner Positur. Die vornehme Stadtbevölkerung zieht ihm entgegen, wobei wohl nicht sie es gewesen ist, die das Hosianna schrie. Die befriedete Natur spielt eine Rolle. Auch diese Darstellung kann ich mir – mit einigen Zurechtrückungen – als Verdeutlichung der Geschichte vorstellen.

2. Sonntag im Advent

Predigttext: Lukas 21,25–33
Klaus Bümlein

Theologisch-homiletische Skizze

Schreckensvision und Hoffnungsruf, Zukunft von Grauen und Herrlichkeit: Gerade die widersprüchliche Mischung der Bilder in der lukanischen Endrede bestürzt mich und fordert heraus. Läßt sich das Kommende zugleich als entsetzlich und erlösend proklamieren? Kann christliche Hoffnung standhalten, die der Saugkraft weltweiter Ängste rückhaltlos ausgesetzt wird?

Bei näherem Zusehen ist es eben die zunächst verstörende Widersprüchlichkeit der lukanischen Perspektive, die mich für diesen Text einnimmt: Dieser Zukunftsglaube muß die höchst realen Ängste nicht ausblenden und abdrängen. Lukas kann die Hauptlinie der markinischen Apokalypse aufgreifen. Ja, »die doppelte Erwähnung der schrecklichen Angst«, Vers 25b–26a, geht auf ihn zurück und verstärkt noch gegenüber der kosmischen Endschilderung die psychischen Folgewirkungen beim Menschen (W. Schmithals, Das Evangelium nach Lukas, TVZ, Zürich 1980, 203). Ungeglättet ist die gesteigerte Ohnmachtserfahrung zu Sprache gebracht.

Daß diese Zukunftsängste artikuliert werden, könnte durchaus dem Hörer, dem Gottesdienstteilnehmer zugute kommen. Mit dem Wunsch der Gemeinde nach »Einstimmung in die Friedens- und Freudenbotschaft von Weihnachten« (E. Domay, Gottesdienstpraxis 1978, zum Text) ist die Katastrophenbefürchtung 1984 nicht aus der Welt geschafft. Stationierungsbeschluß und Weiterrüsten, Arbeitskrise und Hungerdrohung verstärken bei vielen den Eindruck, einem letzten Abgrund entgegenzutreiben. Die Perikope bei Lukas bieten keine vorschnellen Beschwichtigungen an: Sie erlaubt es, den Realitätsgehalt unserer Ängste gelten zu lassen.

Und nun andererseits: Diese Zukunft der Schrecken, die kein prognostischer Scharfblick durchdringt, kein äußerer Optimismus bewältigt, bleibt Lebensraum der Hoffnung. Viel stärker als bei Markus oder Matthäus ist die Apokalypse des Lukas von der Leuchtkraft der alternativen Zielerwartung durchdrungen. Der singuläre Satz Vers 28 macht das Kommen des Menschensohns (Vers 27) und des Reiches Gottes (Vers 31) als »Erlösung« kenntlich. Diese Erlösungsperspektive »ist vollkommen ungeschützt.« (H.R. Preuss, Predigtstudien, I/1 1972, zum Text). So ungeschützt wie in Nazaret die Inanspruchnahme der prophetischen Verheißung: »Heute ist dies Wort der Schrift vor euren Ohren erfüllt.« (Lukas 4,21). So wehrlos wie das Wort, das den Hirten »über dies Kind gesagt worden war.« (Lukas 2,17). Das Erlösungswort wird am Ende nicht schwächer; nur tritt, im Räderwerk kommender Schrecken, seine Wehrlosigkeit unverhüllt zu Tage.

Diese ungeschützte Hoffnung hat aber, nach Lukas, immer neu verhaltensprägende Folgen. Sie reißt aus dem Zwang zur Panik heraus. Sie lehrt, auf den Feigenbaum und die anderen Bäume sehen (Vers 29 f.): »In jedem Augenblick reift eine ewige Ernte.« (W. Schmithals, Das Evangelium nach Lukas, TVZ, Zürich 1980). Sie bleibt dem Wort verbündet, das Bestand hat.
So möchte ich von dem Text lernen, im Angesicht katastrophaler Zunkunftsängste den Spielraum der Hoffnung zu erweitern – eine Hoffnung mit offenen Augen, mit dem Blick für die Zeichen des Blühens und Reifens, immer neu freigesetzt von dem bleibenden Wort.

Vorschläge zur Liturgie

Eingangsgebet

Ganz nah ist dein Wort,
Herr, unser Gott,
ganz nah deine Gnade.
Begegne uns denn
mit Macht und Erbarmen.
Laß nicht zu,
daß wir taub sind für dich,
sondern offen mach uns und empfänglich
für Jesus Christus, deinen Sohn,
der kommen wird,
damit er uns suche und rette
heute und täglich
bis in Ewigkeit.
(Huub Oosterhuis, Du wartest auf uns, Gebete, Herder, Wien-Freiburg-Basel, 1971^2, 5)

Textlesung

Jesaja 63,15–64,3

Liedervorschläge

EKG 5; 3; 121; 14
Vor der Lesung des Predigttextes, eventuell von einer kleinen Chorgruppe gesungen, das Lied nach einem Text von Schalom Ben-Chorin »Das Zeichen« (Mein Liederbuch – für heute und morgen, tvd-Verlag, Düsseldorf B 127):

Das Zeichen

*Text: S. Ben-Chorin, Melodie: F. Baltruweit Rechte bei den Autoren * Capo II -C-dur*

(Als »Fingerzeig« der Hoffnung – mitten im Winter – möchte ich in der Kirche, gut sichtbar, einige knospende Zweige aufstellen lassen.)

Fürbittengebet

Herr, / Du hast uns nicht zugesagt,
daß wir von Ängsten und Schrecken verschont sind.
Du kennst unsre Befürchtungen / und unsre verzweifelte Ohnmacht /
vor einer Zukunft des Chaos, des Unrechts, des Hungers.

Schenk uns das feste Vertrauen,
daß Du selber die Zukunft bist,
Du der Erlöser, / durch alle Wirren und Krisen hindurch.

Hilf unsern Mut aufrichten / und einen klaren Kopf behalten,/
daß wir der Versuchung zur Panik entgehen
und ungebeugt Deinem Advent entgegenhoffen.

Laß uns die kleinen Zeichen wahrnehmen
des Blühens und Reifens in unsrer Nähe,
die unsre Erwartung stärken / auch für das kommende Weihnachtsfest.

Erfülle uns durch dein Wort,
das Wort der Liebe, das bleibt,
daß wir lösende Worte finden und Taten, / Vorboten für Dein Reich.

Vorschläge zur Predigt

Möglicher Anfang
Blütenknospen im Advent? »Zweige, die am Barbaratag, am 4. Dezember ins Wasser gestellt werden, können bis Weihnachten blühen.« Vielleicht kennen manche von Ihnen den schönen Brauch. Es sind einfache Kirschzweige aus unserem Garten, keine vom Feigenbaum oder vom Mandelbaum, die heute in unserer Kirche zu sehen sind. Ob sie blühen werden? Ob sie uns mit demselben Zauber berühren wie Schalom Ben-Chorin, den Juden deutscher Herkunft, sein Mandelbaum vor der Wohnung in Jerusalem berührt hat: »Freunde, daß der Mandelzweig wieder blüht und treibt,/ ist das nicht ein Fingerzeig, daß die Liebe bleibt?«

Kommende Schrecken
Ja, schöne Träume! Was bleibt in der Vorweihnachtszeit, das sind harte Tatsachen. Und was kommt, sind beklemmende Ängste.
Viele haben in unserem Land mit all ihren Kräften gegen die Stationierung atomarer Vernichtungswaffen argumentiert, geredet, demonstriert. Sind die Entscheidungen nicht ungerührt über alle Beschwörungen, Sehnsüchte hinweggetreten?
Immer schrillere Alarmrufe wegen des Waldsterbens, des Natursterbens sind in den letzten zwei Jahren laut geworden. Haben sie mehr bewirkt als matte, halbherzige Absichtserklärungen?
Der Kampf gegen den Hunger ist auf vielen Schauplätzen im Wettlauf gegen die Zeit geführt worden; »Brot für die Welt« ist nur ein Beispiel. Aber ist die himmelschreiende Kluft zwischen arm und reich nicht immer noch breiter, unüberbrückbar geworden? »Am Ende der Schöpfung« (Franz Alt) empfinden sich viele: Zunkunft – der Albtraum, in dem sich private Ängste und globale Bedrohungen ständig weiter steigern ...
Die Perspektive, die Christus aufreißt, mag wie eine Bekräftigung der schlimmsten Befürchtung wirken. Erdweite Schrecken, tobende Elemente, eine Welt aus den Fugen, zur Panik sich steigernde Angst.

Keine Rede von einer gesicherten Fortschrittserwartung. Es ist, als würden hier die geheimen Furchtbilder ins Überdimensionale vergrößert.

Kommende Erlösung

Und doch wird hier, quer zu allen realen Schrecken, eine andere Erwartung in Kraft gesetzt: was mit und in und nach den Ängsten kommt, nennt Christus »Erlösung«.

Keine Versprechen, durch christliche Anstrengung die Wende zum Garten Eden, zum angstlosen Frieden herbeizuzwingen. Keine Ermunterung zu einem kalkulierten Optimismus.

Aber mitverstrickt in die Schrecken und Ängste, wird die christliche Gemeinde einer bloßen »Solidarität der Panik« entrissen. Diese Gleichzeitigkeit einer ängstigenden und erlösenden Zukunft empfinde ich als Tröstung, nicht als Vertröstung.

Denn schon jetzt geht in die Zukunft der mit, den die Evangelien als wirksamen Erlöser gezeigt haben. Seine Kraft mag so ohnmächtig erscheinen wie das Kind in der Krippe von Bethlehem oder wie der verklagte Christus vor Herodes, vor Pilatus.

Dennoch: das lösende, erwärmende, klärende Licht, das von seiner Person ausgeht, erlischt auch nicht in den Apokalypsen der Zukunft. Uns trägt eine Hoffnung, »höher als alle Vernunft«.

Gesten der Hoffnung

Diese Hoffnung findet immer neu Raum in der Gegenwart, Atemraum, Spielraum. So möchte ich die »Gesten der Hoffnung« für uns gewinnen, die der Text nahelegt:

»Erhebt eure Häupter«: unsere Zuversicht wird daran spürbar, daß wir weder den »Kopf in den Sand stecken« noch uns vor den Katastrophentendenzen blind stellen müssen. Aber wir müssen auch nicht durch »christliches Kopfhängen« die Resignation verstärken. Wer Christus traut, kann sich und anderen einen »aufrechten Gang« erlauben.

Bleibt in den Worten, die »niemals vergehen«: Diese Hoffnung hat Zeit für Sein Wort! Für die harte Rede des Bergpredigers, für das grenzenlose Liebeswort, das die Verlorenen sucht.

»Seht den Feigenbaum und alle andern Bäume an«: Diese Hoffnung kann wahrnehmen, was in der Nähe neu treibt und blüht. Und kann in der Hektik der Vorweihnachtswochen, allen Befürchtungen zum Trotz, kleine Anlässe zur Freude entdecken, kleine Gesten der großen Erlösung schenken.

Möglicher Schluß

Warten: wir huldigen keinem Leichtsinn mit geschlossenen Augen. Wir

brauchen auch nicht in Schwermut zu versinken. Wir bleiben vor der nächsten und letzten Zukunft das, was wir heute sein dürfen: Empfänger und Täter des lösenden Wortes, voller Hinweise und Fingerzeige:
»Freunde, daß der Mandelzweig sich in Blüten wiegt,
bleibe uns ein Fingerzeig, wie das Leben siegt.«

Kontexte

Auf Weihnachten zu: »Diese strahlenden Kinderaugen«

»Wir haben Sorgen.
Gut und schön.
Jetzt auch noch diese Feiertage.
Blöde Einkauferei.
Mußt du den ganzen Tag auf der Blockflöte pfeifen?
Man ist ja total überfordert.
Natürlich Edeltanne, was denn sonst?
Dieses Jahr gibt es Puter, schön mager.
Der Zahnarzt fährt über die Feiertage in Urlaub!
Lametta ist unten rechts im Kleiderschrank.
Tante Hildchen besucht uns am zweiten und bleibt bis Neujahr.
Das Päckchen muß noch zur Post!
Montag wird gebacken, sonst schaffen wir es nicht mehr.
Doch, diese strahlenden Kinderaugen.
Die Stadt war voll, die Leute drehen noch durch.«
(in: Werner Schaube, Weihnachtspuzzle, Herder Freiburg, 1982^2, 34)

»Die Impulse zum Weiterleben«

»Was die anonymen nuklearen Planungsstäbe mit uns vorhaben, ist unsäglich; die Sprache, die sie erreichen würde, scheint es nicht zu geben. Doch schreiben wir weiter in den Formen, die wir gewöhnt sind. Das heißt: wir können, was wir sehen, noch nicht glauben. Was wir schon glauben, nicht aussprechen.« (85)
»Die Impulse zum Weiterleben müssen von etwas Neuem kommen, auf das wir hinzielen, sonst könnte es passieren, daß wir uns hinter unserem Rücken mit einem Urteil abfinden.« (93)
(Christa Wolf, Voraussetzungen einer Erzählung: Kassandra, Luchterhand, Darmstadt und Neuwied, 1983)

3. Sonntag im Advent

Predigttext: Matthäus 11,2–6
Matthias Wiechmann

Theologisch-homiletische Skizze

1. Die beiden zentralen Verse unseres Predigttextes, die Frage Johannes des Täufers (Vers 3) und die Antwort Jesu (Vers 5), erinnern mich an eine alttestamentliche Frage und Antwort. Mose fragt Gott, was er dem Volk sagen soll, wenn es den Namen Gottes wissen wolle. Und Gott antwortet: »Ich bin, der ich bin.« Das meint: Ich bin der, als der ich mich erweisen werde! (Ex. 3,14)
Mich nimmt ein, daß hier wie dort keine dogmatische Formel auftaucht; sondern die Göttlichkeit Gottes und die Messianität Jesu erweisen sich jeweils in einem Geschehen. Daß Jesus Retter ist, der von Gott kommen soll, braucht nicht mit Worten beteuert zu werden. Man kann es merken in erfahrener leiblicher und seelischer Heilung.

2. Gerade die Antwort Jesu, die auf das geschehende Heil verweist, gibt der Frage Johannes des Täufers jedoch bleibende Aktualität bis heute. Johannes sitzt im Gefängnis wegen seiner Verkündigung. Dort hört er von den Taten Jesu. Sie tragen messianische Züge, aber sie beseitigen seine Zweifel nicht. Johannes erwartet von dem Kommenden den großen Umbruch, die Vollendung aller Verhältnisse und so gewiß auch seine Befreiung aus dem Kerker. Die aber bleibt aus. Vielleicht läßt ihn gerade diese Tatsache zweifeln, ob Jesus wirklich der Messias ist.
Dieser Zweifel ist auch uns nicht fremd gerade dann, wenn wir hören und sehen, was geschieht – wenig an Heil, viel an Unheil.
Dennoch warten wir im Advent. Auf wen oder was eigentlich?

3. Meine Antwort: Wir warten darauf, daß wir das Heil Gottes, das in Jesus Christus angebrochen ist, auch heute wahrnehmen und erleben – nicht nur in gutklingenden Predigten, sondern in sicht- und spürbaren Veränderungen: Blinde sehen, Lahme gehen, Taube hören. Jesu Antwort auf die Frage des Johannes bringt das Reich Gottes zeichenhaft zur Welt. Die Wunder stellen ein Geschehen dar, in dem das Heil Gottes zur gegenwärtigen Wirklichkeit, d.h. zur Erfahrung wird.
So geht für mich in diesen von Jesus genannten Wundern ein Licht des Reiches Gottes auf. Auf solche Lichter warte ich im Advent.

4. Unser Predigttext folgt unmittelbar der Aussendungsrede Jesu in Kapitel 10. H.J. Held (in: Überlieferung und Auslegung im Matthäusevangelium, Neukirchener Verlag, 6. Auflage 1970, S. 239 f.) bemerkt m.E. zu Recht, daß ›die Taten des Messias‹ (Vers 2) deshalb »nicht nur auf die Wirksamkeit Jesu, sondern offenbar auch auf die in der Aussendungsrede angeordnete Tätigkeit seiner Jünger« zurückgehen. Dann sind die Jünger und alle die, die in Jesu Nachfolge stehen, aber auch auf den Inhalt der Antwort in Vers 5 gewiesen.

Sicherlich, solche Verkündigung in Wort und Tat erscheint uns zu wunderbar, als daß wir sie uns zutrauen könnten. Dennoch: ich will daran erinnern, daß wir von Gott begabt sind nicht mit einem Geist der Furcht, sondern mit dem Geist der Kraft, der Liebe und der Besonnenheit (Jahreslosung 1984). Auch wir können »Wunder« wirken in Worten und Taten: Liebe üben; Hoffnung schenken; Glauben und Vertrauen wecken.

5. So ergibt sich die Skizze meiner Predigtabsicht:
Ich möchte Mut machen, die Adventszeit zu einer echten Wartezeit = Zeit der Erwartung werden zu lassen. Denn wer nichts mehr erwartet, der bekommt auch nichts! Warten im Advent bedeutet nicht »abwarten«, sondern ist ein aktives Geschehen. Es meint: hören und sehen auf den, der gekommen ist; auf Christus, der das Licht des göttlichen Heils in unsere Welt gebracht hat. Warten im Advent bezeichnet aber keineswegs nur stimmungsvolle Erinnerung an den gekommenen Messias. Im Advent warten wir auch auf den Kommenden. Wir warten auf den, der bei uns ankommen will in seinem Wort; der uns dadurch sehend und gehend macht; der den heute an Leib und Seele »Armen« Heil ansagt. Wir warten aber auch auf den, der ankommen will in dieser Welt durch uns, durch die »Wunder«, die wir wirken können in seinem Namen. So, durch sein Wort und durch unsere Nachfolge in Worten und Taten, bekommt das geschichtliche Wirken des Messias für alle Zeit Gültigkeit. So baut Gott sein Reich auf! So erweist er sich in dem Gekommenen und dem Kommenden.

6. Die Situation der Predigthörer an diesem 3. Advent, acht Tage vor Heiligabend, empfinde ich so:
Der größere Teil der Weihnachtsvorbereitungen ist erledigt. Unruhe und Betriebsamkeit der ersten Adventswochen legen eine kurze Pause ein. Vielleicht haben sich erste Enttäuschungen eingestellt. Nun sollte doch in diesem Jahr alles ein wenig ruhiger und bescheidener zugehen – und jetzt doch wieder diese Hektik! War das schon wieder alles im Advent? Ich möchte die dahinter verborgenen Erwartungen aufgreifen: Noch ist Zeit, zur Ruhe zu finden – auch in dieser Stunde des Gottesdienstes! Nein, das war nicht schon wieder alles! Es gibt noch mehr und anderes von und für die Adventszeit zu erwarten, noch mehr als Geschenke zu kaufen und Weihnachtskarten zu schreiben. Ich möchte die Gottesdienstteilnehmer einladen, sich mit mir darauf zu besinnen und es wahrzunehmen, was wir im Advent »noch mehr« erwarten dürfen und sollen. Ich glaube, sie sind von ihrer Stimmungslage am 3. Advent her für einen neuen, erweiterten Erwartungshorizont empfänglich.

Vorschläge zur Liturgie

Lieder

EKG 14; 9; 5; 11
Von den neueren Liedern sind u.a. geeignet:
»Gleich wie mich mein Vater gesandt hat ...«
In: Kirchentagsliederheft 83, Nr. 659

»Wo ein Mensch Vertrauen gibt ... « – in: ebd., Nr. 723
»Selig seid ihr, ... « – in: Kirchentagsliederheft 81, Nr. 72

Statt eines Psalms (etwa: Ps 85, 2.5.8–12) kann auch eine *Meditation* gelesen werden:

Warten.
Der Blick wandert zum Telefon.
Wird er anrufen?
Wird er sagen: Es tut mir leid?
Vergib mir meine Worte?
Warten auf einen neuen Anfang.

Warten.
Die Zeit wird lang,
die zwischen den Visiten liegt.
Sich an den Blick des Arztes erinnern,
Ungesagtes zu entziffern suchen.
An die Kinder denken, an die Arbeit,
an das Leben.

Warten.
Was denn sonst?
Den Kopf in den Sand stecken?
Unrecht, Leiden und Tod
das letzte Wort lassen?
Warten macht lebendig.

Warten –
auf einen Blick voll Verstehen,
auf ein Wort aus Hoffnung,
auf eine Geste aus Liebe.
Auf dich warten und auf mich –
Christus erwarten.

(Verändert übernommen von Heinz-Dieter Knigge, Meditation über das Warten, in: Advent, hrsg. von H. Nitschke, Gütersloh 1978, S. 133 f.)

Zuspruch
2. Tim. 1,7 oder Jes. 60,1 u. 2

Schriftlesung
Jesaja 35,3–6.10 oder Römer 8,18–25.28.29

Eingangsgebet
Herr, unser Gott, wir haben Lichter angezündet an unserem grünen Kranz; heute sind es schon drei. Wir haben viel vorbereitet für das kommende Fest, aber in unseren Herzen ist es noch nicht recht hell und warm geworden. Ist das wieder einmal alles, was wir im Advent feiern: unsere Unruhe; unsere Sorge, ja nichts zu versäumen und es allen recht zu machen? Herr, unser Gott, wir bitten dich, laß für uns in dieser Stunde und in den Tagen, die kommen, dein Licht aufgehen. Laß uns verstehen und erfahren, daß wir dich feiern dürfen, dein Kommen in diese Welt, zu uns Menschen. Gib uns durch die Kraft deines Geistes die Ruhe, dich in deinem Sohn Jesus Christus zu erwarten. Mache unsere Sinne empfindsam, damit wir deine Ankunft bei uns wahrnehmen. Amen.

Schlußgebet
Herr, unser Gott, öffne unsere Herzen für den Glauben, daß du in Jesus Christus angekommen bist in dieser Welt. Durch ihn haben Menschen deinen Frieden geatmet, deine Liebe geschmeckt, deine Gerechtigkeit gespürt.
Herr, wir warten darauf, daß auch uns heute dein Heil widerfährt. Wir sehnen uns nach Frieden, Gerechtigkeit und Freiheit für alle Menschen; nach Vertrauen, liebevollem Verstehen, Offenheit und Zärtlichkeit in unseren Familien.
Unsere Kinder brauchen das Gefühl, geliebt zu werden auch dann, wenn sie unausstehlich sind.
Unsere Jugendlichen brauchen das Gefühl, wichtig zu sein und ernstgenommen zu werden auch dann, wenn sie ohne Arbeit sind.
Wir Erwachsenen brauchen das Gefühl, daß wir gemocht werden als ganze Menschen, nicht nur irgend etwas an uns – die Leistung, das Aussehen oder die Meinung.
Unsere älteren Mitmenschen brauchen das Gefühl, noch dazuzugehören und gebraucht zu werden auch dann, wenn ihre Kräfte schon erlahmt sind.
Gott, laß unser sehnsüchtiges Warten nicht ins Leere gehen. Öffne unsere Herzen für den Glauben, daß du Jesus Christus bei uns ankommen lassen willst. Erhalte uns die Hoffnung, daß wir ihm begegnen können in seinem Wort und in einem jeden Menschen, der sich uns zuwendet. Gib uns Kraft und Phantasie zur Liebe, damit auch andere ihm begegnen durch uns.

Herr, unser Gott, wir danken dir, daß du auch uns gebrauchen willst, um dein Heil in dieser Welt auszubreiten, um es wirklich Advent werden zu lassen.
Amen.

Vorschläge für die Predigt

Möglicher Anfang

Nach vielen Jahren mal wieder ein Klassentreffen. Ein schöner Abend für mich – spannend zu hören, was aus den ehemaligen Mitschülern geworden ist. Schade, nicht alle konnten kommen. Von einer früheren Klassenkameradin weiß niemand mehr etwas. Ich erinnere mich, wo ihre Mutter wohnt. Am nächsten Vormittag fahre ich hin. ›Ob sie dich noch wiedererkennt? Mehrmals bist du hier im Hause gewesen.‹
Ich läute und warte. Ein paar Schritte, dann eine Stimme hinter der verschlossenen Tür: »Wer ist da?« Und bevor ich noch antworten kann: »Ich erwarte niemanden!« So bleibe ich draußen vor der Tür.
»Ich erwarte niemanden.« Mich hat dieser Satz betroffen und nachdenklich gemacht. Aus dem Mund der früher so freundlichen Frau klang das jetzt bitter und enttäuscht.
»Ich erwarte niemanden.« Die Stimmung, die in diesem Satz liegt, will nicht in diese vorweihnachtliche Zeit passen. Ein Gegen-Satz zum Advent. Advent – das ist doch die Zeit des Wartens, der Erwartungen, der Hoffnung; die Zeit der Vorfreude auf das Fest.
Dieser Gegen-Satz zum Advent läßt mich nicht los. Er spiegelt das Gefühl eines Menschen so kurz vor Weihnachten: »Ich erwarte niemanden.« Dieser Satz wirkt auf mich wie ein heilsamer Schock. Ich finde, er fordert uns heraus, unsere meistens nur unbestimmten oder auch uneingestandenen Adventsgefühle zur Sprache zu bringen. Denn, – ist das schon alles, worauf wir warten im Advent: auf ein paar gemütliche Stunden im Kreis der Familie? Darauf, daß unsere Geschenke auch ankommen; daß wir auch alles rechtzeitig schaffen? Irgendwie spüren wir wohl: das kann, das darf eigentlich nicht alles sein. Mit solchen Gefühlen finden wir uns wieder in der Frage, die unseren heutigen Predigttext eröffnet. Es ist die bekannte Frage Johannes des Täufers, die wir bei Matthäus im 11. Kapitel lesen. Text: Verse 2–6.

Zum weiteren Verlauf

1. Ich schildere kurz die Situation Johannes des Täufers und den Hintergrund seiner Frage: Er ist eingesperrt und erwartet wohl gerade in seiner Lage nichts sehnlicher als den Anbruch des Heils. Er hört von Jesu Taten, die Anklänge an seine Erwartungen haben, die ihm aber wohl nicht durchschlagend genug erscheinen. ›Wenn Jesus der Messias ist, müßten dann nicht meine Gefängnistüren aufspringen? Müßte dann nicht der

Himmel über allen aufgehen und eine neue Erde entstehen, auf der Gerechtigkeit wohnt?‹ So fragt und zweifelt Johannes.

2. Ich kann die zweifelnden Fragen des Johannes verstehen. Irgendwie leben sie auch in mir; ich glaube sogar, in vielen von uns. Wir freuen uns jedes Jahr wieder auf Weihnachten. Eine besondere Stimmung umfängt und treibt uns. Wir sind empfänglicher als sonst für Worte wie Frieden, Liebe, Hoffnung. Wir gehen auch aufmerksamer miteinander um; sind großzügig im Schenken, schreiben Karten und Briefe, was wir sonst oft vor uns herschieben.

Aber was verändert sich letztlich dadurch? Unser Warten bleibt in vielen Hinsichten unerfüllt; unsere Sehnsucht nach Vertrauen zwischen den Menschen und Völkern, nach Gerechtigkeit und Freiheit für alle!

Johannes bleibt im Gefängnis eingesperrt. Bis heute bleiben Menschen ihres Glaubens, ihrer politischen Überzeugung, ihrer Hautfarbe wegen eingekerkert. Bis heute bleiben Menschen unter dem Minimum an Einkommen, an Nahrung, an ärztlicher Versorgung, das sie zum Überleben brauchten. Bis heute brechen Familien auseinander, die noch das letzte Weihnachtsfest harmonisch zusammengelebt haben.

Wenn das Heil Gottes für unsere Welt wirklich in Jesus von Nazareth gekommen ist, müßten wir dann nicht mehr davon merken?

(Hier können die eben genannten Beispiele noch einmal aufgegriffen werden, z.B. so: Müßten sich dann nicht wieder mehr Ehepartner, die sich trennen wollen, auf das besinnen können, was sie mal verbunden hat: auf ihre Liebe zueinander?)

3. Jesu Antwort verblüfft. Nicht Ja und nicht Nein, kein Erklärungsversuch, sondern ein Hinweis auf das, was an Heil durch ihn geschieht: Blinde sehen, Lahme gehen ... Damit erinnert uns Jesus, daß wir durch ihn noch nicht in einem neuen Himmel und auf einer neuen Erde leben, sondern weiter darauf zu warten haben. Noch gibt es Kranke an Körper und Seele, Hungernde, Einsame; noch gibt es Unglück, Streit; noch haben die Menschen nicht verlernt, Kriege zu führen.

In Jesus aber, in seinen Worten und Taten, bricht das Heil Gottes an; kommt es so zur Welt, wie er es in seiner Antwort beschreibt; kommt es wie ein Licht in der Finsternis, wie »ein Tropfen von dem Regen, der aus Wüsten Gärten macht«.

Menschen, denen Christus begegnet ist, haben das Heil geatmet als Befreiung von Schuld, als Befreiung zu einem neuen Anfang. Trauernde und Kranke haben es erfahren, indem er ihr Leiden geteilt und mitgetragen hat. Kinder haben das Heil Gottes gespürt, indem er sie wichtig genommen hat.

Menschen, die nicht sehen konnten oder nicht mehr durchblickten, haben durch ihn ein Licht wiedergefunden in ihrer Finsternis.

4. Wenn wir Advent feiern, dann warten wir darauf, daß solches Heil auch heute an uns und in unserer Welt geschieht, daß wir es sehen, spüren, anfassen können.
Wenn wir Advent feiern, dann warten wir auf Christus; auf den, der in die Welt gekommen ist im Stall von Bethlehem. Wir warten, indem wir auf sein Wort hören und seine Taten sehen. So nehmen wir das Heil wahr, das Gott uns bereitet hat und noch bereiten will.
Wer im Advent Gottes Heil erwartet, wie es in Christus angebrochen ist, der braucht nicht abzuwarten. Wer auf Christus hört und sieht, wird ermutigt, mehr zu erwarten als ein paar ruhige Feiertage nach der Hektik dieser Wochen, mehr als ein bißchen private Harmonie. Der wird ermutigt, in seiner Nachfolge die neue Erde zu erwarten, auf der Frieden, Gerechtigkeit und Liebe wohnen.
Wenn wir Advent feiern, dann warten wir auf Christus, der immer neu ankommen will durch sein Wort, aber auch durch uns. Uns will er in seinen Dienst nehmen. Uns hat er seinen Geist der Kraft, der Liebe und der Besonnenheit gegeben, damit wir sein Werk fortsetzen können. Wer auf den gekommenen Christus hört und sieht, der bekommt Kraft zum Glauben, Mut zur Hoffnung und Phantasie zur Liebe; der kann dem, der heute blind, lahm, aussätzig, taub oder arm ist, selbst zum Christus werden; der kann heute Gottes Heil spürbar werden lassen.
Wenn wir Advent feiern, dann dürfen wir das in dem Glauben tun, daß Gott auch auf uns wartet, denn durch und mit uns will er sein Reich errichten.
Hier sollten ein, zwei Beispiele aus dem persönlichen oder gemeindlichen Lebensbereich dargestellt werden, wie Heil Gottes heute erlebbar werden kann.
Mein Beispiel: Ich möchte Ihnen von einer jungen Frau erzählen, durch die ich erlebe, wie das Warten im Advent Gestalt gewinnen kann. Eines Tages war sie es leid, jeden Tag neu aus den Nachrichten zu hören, daß so viele Jugendliche ohne Arbeit auf der Straße sitzen; wie manche von ihnen dadurch gefährdet sind, in Alkohol zu »ertrinken« oder kriminell zu werden. Sie wollte etwas für und mit den Jugendlichen tun. Sie suchte die arbeitslosen Jungen und Mädchen auf der Straße; dort, wo sie sich trafen. Sie stellte sich zu ihnen, redete mit ihnen, lud sie ein. Seit ein paar Monaten treffen sich sieben dieser arbeitslosen Jugendlichen mit ihr jede Woche in unserem Gemeindehaus. Sie lernen, über ihre Schwierigkeiten zu reden; sie beraten einander; sie entdecken, daß es Spaß macht, in der »Freizeit« etwas zu tun: zu basteln, zu backen und zu kochen, zu lesen, Spiele zu machen. Diese junge Frau vermittelt ihnen die Erfahrung, daß sie etwas können, daß sie wichtig sind, daß jemand sie mag und sie ernstnimmt. Und sie beginnen zu sehen, zu hören und zu gehen, – diese vor-

mals »Blinden«, »Tauben« und »Lahmen«. Für mich ist das ein »Wunder«, durch das Gottes Heil heute leuchtet wie ein Licht in der Finsternis.

Schluß

Ich denke wieder an die Mutter meiner früheren Schulfreundin; an den Satz durch die geschlossene Tür: »Ich erwarte niemanden.« Sie muß bittere Erfahrungen hinter sich haben, daß sie so scheu, so mißtrauisch, so hoffnungslos geworden ist. Ich weiß es nicht, warum sie nichts und niemanden mehr erwartet; ich empfinde nur, daß sie zu den »Armen« gehört, denen Christus sich immer zuerst zugewandt hat.

Ich will mich nicht als ihr Retter aufspielen, aber ich möchte ihr zum Christus werden; ihr ein Licht bringen in ihre Finsternis. Wie ich das mache, überlege ich noch. Vielleicht schreibe ich ihr einen Brief. Oder ich fahre einfach noch einmal hin. Und wenn sie mich wieder nicht hereinläßt, lege ich ihr einen Tannenzweig mit einer Kerze vor die Tür.

Es wäre auch für mich ein Geschenk, wenn Christus für diese Frau mein Gesicht, meine Hände, meine Worte bekäme.

4. Sonntag im Advent

Predigttext: Lukas 1,46–55
Martin Lotz

Theologisch-homiletische Skizze

Magnificat, der Lobgesang der Maria, Grundbestandteil der Vesper der Kirche, größtes »Gedicht« zwischen einer Seele und ihrem Gott, unzählige Male vertont – gregorianisch mit einem ganz eigenen, persönlichen »Ton«, dem Perigrinus, vorbarock, barock und bis in die Gegenwart (Schütz, Bach und viele, viele andere!) für Orgel oder Chor oder Orchester und Chor, für Soli oder für Chöre ... Magnificat: Schreiber, Sänger, Sprecher und Hörer sind sich einig, daß hier ein einmaliges, erstmaliges und einzigartiges Lied erklungen ist und erklingt – obwohl doch – wie die Exegese von Otto Betz* zeigt – viele Zitate aus der Welt der jüdischen Bibel, allen voran der Psalm 103, erklingen. Aber Zitat ist nicht gleich Zitat. Im Munde Mariens, der Mutter Gottes, entsteht daraus ein *neues Lied*.

Es ist ganz von innen heraus gesprochen und gesungen, überaus musikalisch empfunden. Mannigfach im Chorgestühl der Nonnen und Mönche ekstatisch psalmodiert, nie gelangweilt wie manch anderer Psalm. Bekenntnis, Kampf, Gebet, Gottessuche! Kühn im Umkehren zwischen arm und reich, zwischen mächtig und schwach, hoch und niedrig. Ein Lied der Frauen, das Lied der Frauen, das Maria-Lied. Vielleicht zu früh gesungen, zu einer Zeit zum ersten Male ertönt, als Frauen nichts galten – samt ihren Kindern; dennoch nicht ohne Vorbild aus über 1000 Jahren zuvor, dem Miriamlied, dem Siegeslied einer Frau im Freiheitskampf der Israeli gegen die Männerwelt der Ägypter.

Maria, Magnificat – wir hören und lesen und singen und sprechen diese schönen Worte in einer Zeit des Übergangs; des Übergangs vom Zeitalter der Fische (dem christlichen, hierarischen, männlichen, kriegerischen Zeitalter) zu den Zeiten des Wassermanns (des gleichgearteten Menschen, der seine Widersprüche nicht nach außen verlegt, um Krieg zu führen, sondern der die Einzigartigkeit eines jeden einzelnen bereit ist anzuerkennen, eher weiblich als männlich, eher am Kind orientiert als am Pubertierenden, eher auf Erwachsenheit aus als auf verantwortungsloses Stehenbleiben bei der Erfahrung eines Schulabgängers und gut Verdienenden).

Immerhin: 1950 verkündete der Papst die leibliche Aufnahme Mariens in den Himmel. Das war ein Einschnitt! Derselbe Papst erklärte wenige Jahre später die Unsittlichkeit der atomaren Verteidigung.

---

* Gottesdienstpraxis, 1. Perikopenreihe, Ergänzungsband Exegesen, Gütersloh 1984.

Es begann das Abrücken von der Männerherrschaft, dem Dogmenglauben, dem Zeitalter der Dreifaltigkeit. Der 4. Advent stand und steht bevor. Nach dem Zeitalter des Vaters und des Sohnes und des Geistes folgt die Epoche der Vierheit. Arme, Schwache, Frauen, Kinder, Menschen der Vierten Welt treten an die Stelle oder an die Seite der Väter, Söhne und Ideologen. Das Magnificat ist das Revolutionslied der Christenheit – die ja ansonsten voller guter und auch weniger guter Konservativismen ist.

a) Theologische Begründung des Gottesdienstes:

Kurz vor Weihnachten sind solche Gedanken, Gebete, Visionen durchaus möglich. Die Gemeinde, die sich noch kurz vor dem Heiligen Abend in der Kirche einfindet, ist bereit und in der Lage, besondere Töne zu hören, mitzusingen und die darin enthaltene Botschaft zu vernehmen.

b) Theologische Rechtfertigung der Predigt:

Die Exegese des Textes (vgl. Otto Betz) zeigt, wie herausragend dieser Text im Rahmen der biblischen Bücher ist. Selbst wenn man ihn auf seine einzelnen Bestandteile zurückführt, atomisiert, wird er nicht rein alttestamentlich; und wo er es unzweifelhaft ist, wird ein messianischer Sieg angesagt, durch den sich bisherige Werthierarchien und Sozialpyramiden verkehren, geschliffen werden und kaum erkenntlich wieder erscheinen.

c) Der Skopus der Predigt:

»Meine Seele«, Mariens Seele, die Seele der Kirche, der Gläubigen, die Seele eines jeden einzigartigen Menschen auf diesem Planeten macht Gott groß. Welches Bewußtsein! Nicht nur Selbstbewußtsein, nein Gottesbewußtsein. So neu ist die Geburt dieses Kindes, daß darüber alle bisherige Religion in den Schatten tritt. Aus voller Seele, aus dem eigenen göttlichen Bewußtsein, auf der neuesten und gewiß höheren Stufe der Menschwerdung, in der Gewißheit der Wiedergeburt, der neuen Geburt, der Geburt des Erlösers singt Maria, die Magd, die einfache Frau: »Meine Seele wird größer in der Anschauung des Herrn«.

d) Gemeindebezug:

Vielfältig sind in unserer Gemeinde die Bemühungen, aus dem starren protestantischen Kirchengehäuse herauszuschlüpfen. Freies, selbstbewußtes, herrschaftsfreies Glauben und Denken und Fühlen und Tun beflügelt viele von uns. Manche wollen dies allerdings aufhalten, die Schwangerschaft mit dem Neuen, das sich ankündigt, verhindern – damit alles seinen bisherigen scheinbar geordneten Gang gehen kann. Doch ist hier nicht schon längst Unordnung im Schwange? Andere haben sich auf die Wege des zukünftigen Menschen gewagt, haben die Ankündigung des marianischen Engels empfangen, stoßen jedoch so oft und so massiv auf Unverständnis und Ablehnung und geraten in die Gefahr, die Schwangerschaft zu unterbrechen, um Risiken zu vermeiden. In welche Welt wird das Christuskind 1984 hineingeboren? Wird seine Geburt gewünscht?

Vorschläge zum liturgischen Ablauf

An diesem Sonntag findet eine Agape-Feier statt. Sie ist in unserer Gemeinde etwa 10mal im Jahr der Regelgottesdienst sonntags um 10

Uhr, also kein zusätzlicher Ausnahmegottesdienst. Zu Beginn erklingt Klavierspiel. Die Organistin hat sich ein besonderes Stück ausgewählt und eingeübt. Jetzt sind alle gespannt, was es zu hören gibt. Die Gottesdienstfeiernden sitzen an 15 Tischen zu sieben bis 10 Personen. Auch die Kinder vom Kindergottesdienst sind in der ersten Zeit mit dabei. Die Tische sind feierlich gedeckt; weiße oder bunte Decken, Saft, Kaffee, Tee und einfaches Kuchenbrot werden angeboten. Der Pfarrer begrüßt die Feiernden in freiem Wort, sagt das Thema an und liest in eigener Übersetzung den Psalm 103 als eine Einstimmung in das Magnificat. Es folgt das Gemeindelied »Nun lob mein Seel den Herren« EKG 188, 1–3. Jetzt ein *Mariengebet:*
Allmächtiger, ewiger Gott / Du hast Dich unser in Maria erbarmt / und Jesus Christus in unser Fleisch und Blut gesandt / Wir erwarten mit Maria seine Geburt / uns soll der Erlöser erstehen / er werde in uns geboren / Wir bitten Dich: schenke uns dieses Glaubensbewußtsein Mariens / mache uns bereit zur Suche Deiner Wege und Geheimnisse / führe uns auf eine neue Stufe des Heils / erwecke in uns die Kräfte einer neuen und größeren Schau Deiner Herrlichkeit / Wir bitten, Herr, um Deinen Geist. Amen.
Es folgt das *Lied 188,4–5*
Jetzt werden Abendmahlsworte frei gesprochen. Ausgehend von der Situation der Maria wird auf die gemeinsamen Mahlzeiten hingewiesen, die Jesus mit seinen Freunden und Freundinnen feierte, bis hin zur letzten Mahlzeit und dem Ausblick auf uns, auf das Reich Gottes, auf die Zukunft des Menschengeschlechtes.
Dann reichen wir uns an den Tischen das Brot, die Getränke und treten ein in ein *Gespräch über das Thema »Magnificat«.* Als Vorgabe sind Teile der obenerwähnten Einleitung angesagt.
Nach einiger Zeit wird ein großes Rundgespräch eröffnet. Teilweise wird von den Tischgesprächen berichtet, teilweise wird frei gesagt, was zum Thema gehört und auch was Menschen sonst bewegt. Wenn der Eindruck entsteht, daß dieses Gespräch beendet ist oder auch auszuufern droht, oder wenn die Zeit einen Schluß gebietet, sagt der Pfarrer das nächste Lied an:
EKG 5 O Heiland reiß die Himmel auf.
Es folgt das Kelchwort in freier Rede oder als Zitat. Während der Kelch weitergereicht wird, singt die Gemeinde das Lied 159 (EKG). Danach folgen Vater Unser und Segen. Die Feier schließt mit einem Wort der Sendung und einem Klavierstück.
Der Text des Magnificat wird entweder vor dem Brotwort oder vor dem Rundgespräch vorgelesen, er liegt außerdem aus und wird gegebenenfalls gesanglich vorgetragen oder auch im Wechsel nach dem Gesangbuch gemeinsam gesungen.

Zum Predigtteil

Einleitende Worte; damit soll ein Gespräch ausgelöst werden:

Maria verwendet in ihrem Lobgesang eine Reihe von Texten, die uns aus dem Alten Testament bekannt sind. Insbesondere die Worte des Psalm 103 sind hier wichtig. Wir haben sie zu Beginn des Gottesdienstes gehört. Sie liegen auch als Textblatt auf allen Ihren Plätzen. Maria greift in ihrem Gesang bekannte Liedmotive auf. Sie wiederholt nur, was schon längst von anderen vor ihr gesungen worden war. Und dennoch ist ihr Lied ein neues Lied. Neu ist die Zusammenstellung. Neu ist die Zuspitzung. Neu sind einige Formulierungen. So werden arm und reich in einer Weise gegenübergestellt, die bisher unbekannt war. Arme werden genug haben und Reiche leer ausgehen. Ist das eine rein wirtschaftliche Aussage? Oder wird hier nicht auch auf die Leere und Hohlheit der Reichen hingewiesen? Arme sind vielleicht reich im geistigen und seelischen »Haushalt«. Brecht allerdings meinte: Erst kommt das Fressen und dann die Moral. Bewußte Armut ist wohl das Thema. Franz von Assissi! Wer sich seines Reichtums entledigt, erhält die Möglichkeit, innerlich reich zu werden. Aber es bleibt der politische Anstoß: Reiche müssen ärmer werden, damit Arme überhaupt etwas zum Leben haben.

Meine Seele erhebt den Herren – das Bewußtsein der Seele Mariens ist so stark, daß dadurch größere Gotteserfahrung möglich wird. Nicht daß Gott größer wird durch uns. Nein, unser Bewußtsein Gottes steigert sich. Die Heilsgeschichte ist eine Aufwärtsbewegung des Seelenheils. Wir singen mit Maria, daß wir mehr von Gott erfahren – und mehr von uns selbst.

Kirchliches Glauben hält uns im Rahmen einfacher, dogmatischer Möglichkeiten. Biblisches Glauben beflügelt uns zu Utopien und Gotteserlebnissen, welche weit über das in Glaubensbekenntnissen Erlaubte hinausgehen: »Meine Seele vergrößert die Anschauung Gottes!«.

Das Gespräch wird ergeben, daß einige meinen, es sei gefährlich, so hoch von Maria zu sprechen. Oder auch so hoch vom Menschen im allgemeinen. Gottes Wirken sei doch reines Gnadenwirken. Andere werden erfreut aufgreifen, daß die menschliche Mitwirkung im Magnificat geadelt wird. Oder daß es stufenweise Fortschritte in der Heilsgeschichte gibt. Ein folgender Gesprächsgang wird sich auf die kulturelle Adaption dieses Liedes beziehen.

Dann wird die Frage nach der Bedeutung der Frauen im Heilsgeschehen erörtert werden, verbunden mit der Frage nach der eigenen Entscheidung. Schließlich könnte das Gespräch zur Frage nach der Pflicht zum Widerstand führen:

Erfordert nicht nach dem Nein-Sagen im Jahre 1983 das Jahr 1984 Widerstand?! Noch ist unklar, in welcher Weise Widerstand zu leisten ist. Klar ist lediglich, daß das Nein-Sagen nicht mehr ausreicht. Die von Spöttern so genannte Flick-Kohl-Regierung läßt es zu, daß die Sowjetunion zum ersten Male seit dem Jahre 1945 wieder von deutschem Boden aus mit Krieg bedroht wird. Dieses Mal mit Atomkrieg. Die Vorwarnzeit liegt

bei etwa 10 Minuten. Irrtum ist möglich und kann den Krieg durch Computer auslösen. Hiergegen, gegen dieses Massenvernichtungsmöglichkeitsprogramm, muß sich Widerstand formieren. Wir dürfen das russische Volk nicht erneut mit Ausrottung bedrohen. Zwanzig Millionen tote Russen dank Deutschland gemahnen uns!
Wird Marias Gesang uns dabei helfen? Werden wir den Gewaltigen den Kampf ansagen? Wird Gott dreinschlagen?
Jedenfalls wird dieser Kampf nicht rein äußerlich zu führen sein.

Wer bestehen will im Sinne des Magnificat, der muß einen ganz neuen inneren Weg gehen. Den Weg des Vertrauens, Verständnisses, den Weg des Ausgleichs, der Feindesliebe, der Sicherheitspartnerschaft, den Weg des Friedens gegen alle persönlichen Vorteile im Lande des Kapitalismus!

Aus der Gesprächsrunde wird mit Sicherheit das Argument kommen: Aber die Russen sind doch gefährlich, haben doch auch gerüstet, sind ideologisch unsere Feinde oder zumindest unsere Gegner. Dagegen zitiert zum Schluß des hier vorausgedachten Gesprächs, welches nur angedeutet ist, ein Kirchenältester die Rede des Baptistischen Professors Sider, der im März 1983 auf einem Kongreß der Evangelikalen in Orlando, Florida, Präsident Reagan antwortete: Den atheistisch eingestellten Sowjets sei es nicht gelungen, die Christen in der SU auszurotten. Über 70 Millionen lebten als Christen in der SU und der Prozentsatz der sonntäglichen Gottesdienstteilnehmer im Vergleich zur Gesamtbevölkerung sei dort höher als in der BRD, in Großbritannien und in Frankreich. Die Ausrottung der Christen in der Sowjetunion sei zur Zeit allein durch die atomare Bedrohung des Westens gegen den Osten gewährleistet. Dagegen gelte es alle Energie einzusetzen – ähnlich wie damals vor 200 Jahren alle Energien des Christentums eingesetzt wurden, um den Sklavenhandel zu überwinden.
Das Gespräch endet möglicherweise mit dem Hinweis eines Gottesdienstteilnehmers, daß es doch makaber sei, von der Ermordung von Christen in der SU zu sprechen und dabei auszulassen, daß durch einen atomaren Krieg in Rußland auch andere Menschen »daran glauben« müssen.

Heiligabend

Predigttext: Lukas 2,1–20
Johannes Seiß

Theologisch-homiletische Skizze

Der sogenannte »unwahrscheinliche« Gottesdienstbesucher – an diesem Abend wird er höchstwahrscheinlich. Es bedarf mehrerer Gottesdienste, um die Massen der Kirchenbesucher zu fassen. Ich werde zornig, wenn ich höre, wie Prediger ihnen Vorhaltungen machen, statt sie in selbstverständlicher Offenheit willkommen zu heißen und sie fraglos in die Gemeinschaft der feiernden Gemeinde einzubeziehen. Ich kann ihre Motive zum Gottesdienstbesuch nicht genau analysieren. Aber ich vermute aus guten Gründen, daß dabei die Diskrepanz zwischen hohen Erwartungen an das Fest und der Furcht vor einer großen inneren Leere eine wesentliche Rolle spielt. » ... und sie fürchteten sich sehr«. In dieser Situation haben viele die unausgesprochene Hoffnung, daß sie in der Kirche hören dürften: »Fürchtet euch nicht! Siehe, ich verkündige euch große Freude ... «. Und sie haben ein Recht auf diese Hoffnung. Die Weihnachtsbotschaft schenkt sie ihnen – auch wenn sich manche Erwartungen darüber wandeln werden. Diese Botschaft der Hoffnung will ich im Gottesdienst an Heilig Abend vernehmbar machen.

Im ersten Teil des Weihnachtsevangeliums (Verse 1–7) spiegelt sich etwas von der genannten Diskrepanz in der Gegenüberstellung des Kaisers Augustus und des Babys im Futtertrog. Immer wieder richten sich unsere Erwartungen darauf, daß »von oben« etwas geschehen muß, damit das Leben wieder lebenswert wird. Von dort also, wo die Macht, wo das Geld, wo der Glanz sitzen. Gott aber fängt unten an. Er verändert die Welt, indem er das Leben in seiner Hilfsbedürftigkeit annimmt, »ja« dazu sagt. So überwindet er unsere Furcht vor dem Feiern.

Im zweiten Teil der Weihnachtsgeschichte (Vers 8–14) begegnen mir in den Hirten die Träger der alten Verheißung und Erwartung des Messias. Mag sein, daß sie seit Jakobs und Davids Zeiten damit ziemlich auf den Hund gekommen sind. Um so mehr kann ich meine, unsere oft recht fragwürdigen und unsicheren, ängstlichen Erwartungen an das Fest mit den ihren identifizieren. Ich habe zu predigen, daß Gott zu seiner Zusage steht. Freilich kann man sie in ihrer unerhörten Größe (Vers 14) nur im Glauben fassen. Aber zum Glauben werden wir nun auch wirklich ermutigt!

Den dritten Teil (Vers 15–20) lese ich als eine Anleitung und Hilfe, es heute in unserem Zusammenleben bei aller Bescheidenheit mit dieser Zusage Gottes zu wagen. Sie wird sich bewähren, wo Menschen im Vertrauen darauf miteinander reden, sie ausprobieren in dem, wie sie leben und miteinander umgehen.

Im folgenden beschreibe ich einen Gottesdienst, der in der Bamberger Stephanskirche um 17.00 Uhr als sogenannte »Christvesper mit Kindern«, als Familiengottesdienst, gefeiert wurde. Es wird deshalb versucht, Kinder und Erwachsene in gleicher Weise zu beteiligen und einzubeziehen. Darum wird besonders auf sinnenfällige Anschauung und Beteiligungsmöglichkeit Wert gelegt, sowie auf eine interpretierende, transparente Darstellung der Geschichte.

Liturgische Vorschläge

Zum Eingang

Wir sind zusammengekommen, um miteinander Weihnachten zu feiern, um uns gegenseitig dabei zu helfen. Wir feiern den Geburtstag des Heilands, unseres Herrn, Jesus Christus. Er ist zu uns gekommen und hat uns Gottes Liebe bekundet. So können wir heute unseres Lebens wieder froh werden, Gott danken, können singen, können Zeichen der Liebe annehmen und geben, können es auch wagen, etwas zu tun für Versöhnung und Frieden untereinander und auf der ganzen Erde.

Der Herr selbst ruft zum Feiern die, denen es leicht fällt, und erst recht die, die es schwer damit haben. Darum ist es gut, wenn wir jetzt auch aneinander denken. Es ist gut zu wissen, daß es unter uns fröhliche und erwartungsvolle Leute gibt, die sich freuen wie Kinder. Aber es ist auch gut, daran zu denken, daß da auch andere sind, voll Angst um ihr Leben und ihre Gesundheit (oder um die anderer Menschen); solche, die traurig sind über sich oder über andere; Menschen, die nicht wissen, was sie überhaupt noch zu erwarten haben. Sie können erfahren und auch andere begreifen lassen, daß man nicht unbedingt schon selber weihnachtlich fröhlich sein muß, sondern daß der Herr gekommen ist, auch das Dunkel hell und warm zu machen.

Ehe wir miteinander die Weihnachtsgeschichte betrachten, wollen wir füreinander beten:

Herr Jesus Christus, wir danken Gott für dich, wir preisen ihn, daß du für uns alle da bist; und wir bitten dich, segne und behüte, die heute kindlich fröhlich sind, und mache die Traurigen und die ein schweres Herz haben, getrost und froh durch deine Nähe, der du mit Gott unserm Vater und dem heiligen Geist bei uns bist und bleibst in Ewigkeit. Amen.

Fürbitten

Gott, Vater unseres Herrn Jesus Christus und unser Vater, du hast deinen Sohn ein kleines Kinder werden lassen; wir bitten dich heute für alle Kinder auf Erden, besonders für die, denen vieles zum Leben fehlt: Laß sie ihres Lebens froh werden und gib, daß ihr Vertrauen nicht enttäuscht wird. Wir rufen zu dir:

(Gemeinde) Wir bitten dich, erhöre uns.

Wir bitten dich für die jungen Leute, die sich, wie unser Herr, lösen müssen vom Elternhaus und von alten Traditionen: Bewahre ihnen den Glauben an die Welt verändernde Macht deiner Liebe. Wir rufen zu dir:
(Gemeinde) Wir bitten dich, erhöre uns!
Wir bitten dich, für die Männer und Frauen, die Verantwortung tragen in Familie, Beruf, Politik und Kirche: Laß sie nicht vergessen, daß nicht sie alles allein machen müssen, sondern als deine Kinder auch Hilfe erbitten und annehmen dürfen. Wir rufen zu dir ...
Wir bitten dich für alle, die leiden müssen bei uns und in der ganzen Welt, auch für alle, die einsam sind und deren Leben sich neigt: Schenke ihnen im Blick auf die Krippe Zeichen deiner Hilfe und deines Heils und des neuen Lebens. Wir rufen zu dir ...
Vor allem aber bitten wir dich für diese Welt um Frieden und für unsere Kirche, daß du unsere Füße richtest auf den Weg des Friedens durch Jesus Christus, unsern Herrn. Amen.

Entlassung
Nehmt mit das Heil und den Segen und den Frieden unseres Herrn und teilt davon aus an alle, denen ihr begegnet: Segenswort.

Lieder
In diesem Gottesdienst sollte sehr viel gesungen werden. Damit möglichst alle mitmachen können, gehören in diesen Gottesdienst die einfachen und vertrauten Weihnachtslieder. Es ist aber keineswegs ausgeschlossen, auch ein oder zwei leichte neue Lieder zu singen, wenn der Kantor sie auf geschickte Weise einmal vorspielt und wenn alle Teilnehmer ein Liedblatt samt Noten in Händen haben. Letzteres ist um der besonderen Situation an diesem Abend willen überhaupt dringend zu raten. Es sollte ansprechend gestaltet sein. Ein neues Lied gebe ich hier wieder, das ich vor einigen Jahren einmal irgendwo abgeschrieben habe, aber in keinem Liederbuch wiederfinde. Es erfreut sich wegen des Händeklatschens großer Beliebtheit.

(Bei xxx wird leise geklatscht)

2.) Geborn ist Christ zu Bethlehem
des freuet sich Jerusalem ...

3.) Die ganze Welt ist freudenvoll
drum heute niemand trauern soll ...

Vorschläge für die Predigt

Möglicher Anfang

Lesung Lukas 2,1–7. Musik, Flöten und Geigen.

Für die Großen hängen an dieser Geschichte viele Erinnerungen. Zeiten der Entbehrungen spielen da für die Älteren eine besondere Rolle. Als wir selber arm waren, im Krieg, auf der Flucht, da, scheint es uns, hätten wir diese Geschichte unmittelbarer verstanden. Und als Kinder. Ich denke, als Kind kann man die Geschichte ganz unmittelbar nah verstehen. Das Christkind in der Krippe ist fast so nah wie ein Geschwisterchen, das eben geboren ist. Man kann es lieb haben, möchte ihm was schenken. So ein kleines Kind macht das ganze Haus lebendig, hell und froh. Liebe und Leben sind eingekehrt. Es ist anders als sonst. Aber wir werden größer und älter. In unserer Welt scheint es auf andere Sachen und auf andere Leute anzukommen als auf Maria und Josef und ein Baby. Andere Mächte und Herren regieren die Welt und bestimmen unser Leben. In der Geschichte kommen sie auch vor. In unserer Kirche haben wir einen besonderen Platz dafür: Dort über der Gemeinde hängt die Königsloge. Sie wurde 1843 für den bayerischen Kronpinzen und seine evangelische Frau gebaut. Da haben die Leute hinaufgeschaut wie wir jetzt. Sie haben ihre Hoffnungen und Erwartungen auf Hilfe und auf ein wenig Abglanz da hinaufgerichtet. Sie erzählten: »Ich habe den Kronprinzen gesehen!« Manche haben sich wohl auch über ihn geärgert und gesagt: Wenn ich soviel Macht und Geld hätte, dann wäre alles gleich anders und besser. Wenn man Macht, Glanz, Geld hätte, ja dann könnte man richtig feiern, damit kann man Wunder tun. (An dieser Stelle des Gottesdienstes trat in der Königsloge Kaiser Augustus auf, huldvoll auf sein Volk herunterwinkend.) Die Geschichte sagt: Wollt ihr wirklich immerzu da hinaufstarren? Glaubt ihr wirklich, daß es das alles zum Feiern braucht, daß es erst damit schön bei uns werden kann? Gott fängt es anders an. Er fängt unten an, da, wo wir sitzen. (Im Chorraum der Kirche steht eine Futterkrippe aus dem Wald). Da ist er selber hingegangen. Und als Kind in der Krippe hat er sich im wahrsten Sinn des Wortes unseres Lebens angenommen. So sehr, daß er zuerst selber gebraucht hat, was er später mit uns geteilt hat. Denn er hat nun gewußt, was ein Mensch wirklich braucht. (An dieser Stelle wurden die anwesenden Kinder aufgerufen, sich von den Altarstufen zu holen, was sie dem Kind und seinen Eltern bringen wollen, was es wirklich braucht. Windeln, ein Badetuch, eine kleine Badewanne und einen Thermoskrug mit dampfendem warmen Wasser, eine Stoffpuppe zum Liebhaben und Einschlafen, eine warme Decke, eine Klapper zum Spielen, Brot und einen Krug mit Wein für Josef und Maria, damit sie das Kind auch stillen kann, eine große Kerze usw. Dabei wurden die Symbolgaben kommentiert:) Das Kind braucht Wärme, Geborgenheit, Liebe, gute Worte, Lieder, es braucht das Badewasser, Brot und Wein für die Eltern, streichelnde Hände, Trost, wenn ihm etwas weh tut. Weil es weiß, was ein Mensch braucht, hat es uns später eben dieses geschenkt in seinem Wort (Beispiele), in unsern Liedern, im Wasser der Taufe, im Brot und Wein des Abendmahls. So hat es die Welt mehr und viel tiefer verändert als der große Kaiser Augustus. (Zu den Gaben, die zur Krippe gebracht wurden, gehörte übrigens auch das Lied »Stille Nacht«. Passend wäre auch: »Still, still, still, weils Kindlein schlafen will.«.)

Zum weiteren Verlauf

Der zweite Teil der Weihnachtsgeschichte, Lukas 2,8–14, eingeleitet durch »Vom Himmel hoch«, wurde nicht gelesen, sondern erzählt und gespielt. An den Chorstufen waren Polster für die Kinder aufgelegt, dazwischen standen Laternen. Schlapphüte, Umhänge und Stäbe lagen bereit. Die »Hirten« ließen sich auf diesem Hirtenfeld nieder. (Vorsicht bei der Aufforderung der Kinder zum Mitspielen. Nicht alle Kinder trauen sich, und nicht alle Eltern sind frei von falschem Ehrgeiz!) Der Pfarrer übernahm die Verkleidung und Rolle eines alten Hirten. Er erzählt: Da sitzt ihr nun und wartet, daß ein Wunder geschieht. Und dabei friert ihr, es regnet und ihr habt Hunger. Keiner gibt euch was. Ja, und in der Welt schauts auch

bös' aus. Der Herr Kaiser befiehlt, und alle müssen laufen. Das ganze Städtchen ist voll Leute. Für die Armen ist nichts zu essen da, aber Jerusalem ist voller Militär und teurer Waffen. Und ihr wartet auf ein Wunder? Grad für euch?
Was sagst du, Jakl? Hier sei schon mal eins geschehen, sagt dein Großvater? Erzählung von David, dem kleinsten der acht Buben des alten Jesse. Aus dem, den man nicht einmal vorzeigen kann, macht Gott den großen König, der seinem Volk Frieden verschafft.
Warum dann heute kein Wunder geschieht bei euch, fragst du, Hansl? Ja, klein hats halt angefangen. Winzig klein. Jahre hats gedauert, bis man es gemerkt hat. Nichts hat er gehabt, der David, als ein paar Worte und ein paar Tropfen Salböl. Und viel Enttäuschungen! Glauben hat ers halt müssen. Das ist manchmal schwer.
Was sagst du, David? Weißt nicht, ob du das glauben könntest? Wer sich viel erwartet, erhofft, macht sichs wirklich nicht leicht. Da gibts Enttäuschungen. Manchmal fürcht ich mich davor. (Während der letzten Sätze beginnt leise Musik, Violine und Orgel, die langsam lauter wird und dann plötzlich abbricht. Auf der Kanzel erscheint der Engel und spricht Lukas 2, 10–12: Fürchtet euch nicht ... Vom Lesepult aus wird die Lesung bis Vers 14 fortgesetzt. Lied: Eine große Freud verkünd ich Euch ...)

Lesung: Lukas 2,15–20
Nun haben die Hirten ihre ganze Angst weggeworfen und gewußt, wir dürfen etwas erwarten und uns mit freuen, auch wenn wir heute nur erst kleine Zeichen sehen können. So haben sie es auch gewagt, von dieser Freude und dem Frieden im Stall von Bethlehem etwas mitzunehmen und auszubreiten in der ganzen Welt. Sie hatten keine Angst mehr vor Enttäuschungen. Auch wir sind klein, auch unsere Kraft reicht nicht weit. Trotzdem dürfen auch wir seinen Frieden und seine Freude ausbreiten. Gott wird das Wunder tun, das die Welt und die Menschen verwandelt. (Die Kinder holen 700 Christbaumkerzen – Tropfenfänger schützen vor herabtropfendem Wachs – verteilen sie unter allen Kirchenbesuchern und zünden sie an. Währenddessen werden Weihnachtslieder gesungen. Im Zusammenhang mit diesem dritten Teil wird auch die Kollekte für Brot für die Welt angekündigt und dafür geworben.).

Kontexte

Willkommen in dem Jammertal, / o sei willkommen tausendmal, / sei tausendmal gesegnet! / Du teures, liebes, holdes Kind, / es weht bei uns ein kalter Wind, / es schneit hier und regnet. / Wir gingen trostlos und verzagt / im fremden Lande viel geplagt, / gefangen alle auf den Tod, / da kommst du zu uns in der Not / zu bringen uns / heim zu des Vaters Haus und Herd. / Wir sind's nicht wert, / wir sind's nicht wert. (Matthias Claudius)

Gute Anregungen gibt Jörg Zink in der Dia-Bücherei Christliche Kunst, Band 7, Christusbilder, Seite 53, »Erniedrigung«. Die Weihnachtsbilder aus dem Altar von Schloß Tirol, 1370, von Hans Multscher von 1437, des flämischen Meisters von 1400 könnte man als Dias oder auch als Kunstkarten gut im Gottesdienst verwenden. Zinks Kommentare haben auch für den oben beschriebenen Weihnachtsgottesdienst Anregungen gegeben (Verlag: Am Eschbach).

(Anmerkung: Der oben skizzierte Gottesdienst wurde vorbereitet von einem Team, bestehend aus 2 Müttern, einer Religionspädagogin und ihrem Mann, dem Mesner und dem Pfarrer.)

1. Weihnachtsfeiertag

Predigttext: Lukas 2,1–20
Gerhard Ulrich

Theologisch-homiletische Skizze

Die Weihnachtsgeschichte des Lukas gehört sicher zu den bekanntesten Stücken der Weltliteratur – und zu den verkannten zugleich.

Wohl begegnet uns diese Geschichte von der Geburt des Kindes Jesus in Bethlehem in der Weihnachtszeit auf Schritt und Tritt: in Liedern, auch neu arrangiert im zerstreuenden Rhythmus eingängiger Tanzmusik; als Werbeträger und Stimulans im konjunktur-belebenden Weihnachtsrausch.

Niemand mag diese Geschichte missen – aber wird sie gehört? Und wenn ja: wie nehmen wir sie wahr und was von ihr nehmen wir wahr? »Die Weihnachtsgeschichte des Evangelisten Lukas: das ist die bekannteste Erzählung, die es, wo Christen leben, gibt (›Es begab sich aber zu der Zeit‹: letzte gemeinsame Basis der einander fremd Gewordenen) – und die geschändetste dazu: mißverstanden wie keine zweite, vom Nüchternen ins Sentimentale verkehrt und durch frömmelnde Idyllisierung ihres Sinngehalts beraubt. Orientalisches Dunkel in einer erbärmlichen Gegend – verwandelt in die ›stille‹ und ›heilige‹ Nacht. Eine kreißende Frau und ein Mann, der im Stall, es kann auch eine Höhle gewesen sein, der Gebärenden beisteht – stilisiert zum ›trauten hochheiligen Paar‹! Die Krippe, die entweder eine Futterraufe oder eine in die Wand eingehauene Mulde war, auf die Maße eines Nürnberger Spielzeugs gebracht, und die junge Braut, in bezeichnender Mißdeutung des von Luther Gemeinten, in eine Freud und Leid teilende Ehefrau, das ›vertraute Weib‹ verwandelt.« (Walter Jens, Hoffnungszeichen und Richtspruch. In: ders., Frieden. Die Weihnachtsgeschichte in unserer Zeit. Stuttgart 1981, S. 67).

Die Geschichte hat Federn lassen müssen – in der außerkirchlichen wie in der kirchlichen Rezeption gleichermaßen. Man befrage einmal die Konfirmanden und die anderen Kreise in der Gemeinde nach dem Inhalt und der Aussage der Weihnachtsgeschichte: das Erstaunen darüber, daß in ihr nichts von Glocken, Schnee und Kerzenlicht steht, ist in meiner Gemeinde jedenfalls groß gewesen.

Die Radikalität dieser Erzählung ist verdrängt von frommer Idylle, das Infragestellende des Kommens Gottes in die Welt weitgehend verniedlicht. Übriggeblieben ist ein Gott zum Anfassen, ein rührendes, süßes Kind auf dem Schoß der Christenheit: harmlos und ungefährlich.

Kaum noch etwas ist spürbar von der bewegenden Hoffnungskraft der Erzählung, die frei wird, weil Lukas sie einbaut in die Geschichte des jüdischen Widerstands gegen die römische Vormacht (vgl. W. Stegemann in seiner Exegese zu diesem Text). Mit der Geburt Jesu verbindet sich die Hoffnung auf Befreiung Israels von seinen Feinden.

Ich möchte in einem Gottesdienst am ersten Weihnachtsfeiertag jene Seite der Weihnachtsgeschichte zum Zuge kommen lassen, die die Radikalität des Geschehens, der Hoffnung und des Glaubens, aus der heraus sie entsteht, ausdrückt. Mich interessiert die Erbärmlichkeit des Kommens Gottes in die Welt: er kommt herunter zu den Heruntergekommenen, wird selbst – im Vollsinn des Wortes – ein Heruntergekommener. Als solcher ist er Hoffnung, Brot des Lebens.
Die Erzählung des Lukas lebt in und von ihren Widersprüchen, die in aller Schroffheit stehenbleiben. Gott: ein Kind des Heiligen Geistes und Kind von Joseph und Maria; Gotteskind und Kind eines Zimmermanns. Die Niedrigsten der Niedrigen, die Allerletzten sind Gottes Partner, die ersten Apostel. Von denen keiner etwas wissen will – die erzählen weiter, was ihnen gesagt ist; denen niemand vertraut – sie werden zu Vertrauten Gottes.
Mit der Geburt des Kindes beginnt kein Triumphzug Gottes, sondern eine »via dolorosa« (vgl. Stegemann a.a.O.). Denn die Geschichte ist geschrieben im Zeichen des Kreuzes, mit Blick auf das Ende.
Die Geschichte ist ein dramatischer Appell zur Umkehr in einer zerrissenen Welt: in ihrer Radikalität liegt ihre aktuelle Bedeutung. Mir liegt daran, die Eindeutigkeit Gottes gerade zur Weihnachtszeit zu betonen. »Kein sanfter Traktat, diese Weihnachtsgeschichte ..., sondern ein revolutionärer Appell zum Frieden; denn wenn irgendwo mit der Vollmacht des Glaubens gesagt wird: ›es gibt nichts Wichtigeres als Frieden zu haben‹, dann in dieser Geschichte – eine Solidaritäts-Erklärung zugunsten der Armen, die sehr wohl Aktualität beanspruchen darf ...« (Walter Jens, a.a.O. S. 77 f.). Überall auf der Welt warten Menschen auf so eine befreiende, radikale Botschaft, die in Bewegung setzt, den Widersprüchen der Welt entgegenzutreten, die das Oberste zu unterst kehrt. Es kommt darauf an, daß wir selbst uns dieser Radikalität aussetzen, uns treffen lassen wie die Hirten damals.
Am Ende der Hoffnung Israels auf friedliche Befreiung steht die Zerstörung des Jerusalemer Heiligtums. Jerusalem hat nicht erkannt, was zum Frieden dient: die Anerkennung Jesu, des Königs auf dem Esel (vgl. Stegemann a.a.O.). Unsere Ausblendung der Radikalität der Weihnachtsverheißung, die Idyllisierung jener – bei aller Schönheit und Sanftheit – auch schroffen Szene vor Bethlehem ist mir Zeichen für die Ausblendung unserer Ängste: wir scheinen mehr Angst zu haben vor der Umkehr als vor der drohenden Katastrophe! Die Predigt am ersten Weihnachtsfeiertag sollte hier ein Gegengewicht bilden.
Ich erwarte am ersten Weihnachtsfeiertag eine Gottesdienstgemeinde, die sehr bewußt den Gottesdienst besucht; für die vielleicht das Fest erst heute richtig beginnt; die z.T. gezielt am Heiligen Abend nicht in die Kirche gekommen ist.
Die Predigt hat nicht zum Schwerpunkt die Verse 15–20, wie es vorgeschlagen wird. Die Verse 1–14 sind Grundlage des Glaubens, der die Hirten schließlich in Bewegung setzt. Was Gott den Hirten, was er uns zutraut, daß wir wie sie in Bewegung geraten in lebendiger Hoffnung, daß wir Altes loslassen, auf Neues zugehen; Ängste ablegen und den Mund aufmachen – was Gott seine Geschöpfen zutraut, macht die *ganze* Erzählung des Lukas deutlich – in ihrer zurückhaltenden Schönheit wie in ihrer glasklaren Schroffheit. Sie ist für die Menschen damals und für uns heute in unserer saturierten, verdrängungsbereiten Zeit eine Zumutung – im Doppelsinn des Wortes – und das soll sie bleiben oder immer neu werden.

Vorschläge zur Liturgie

Meditation

Gott, wir sind in dein Haus gekommen, weil wir zur Ruhe kommen möchten. Noch fällt es schwer, die Gedanken zu sammeln; sie sind noch besetzt von den Erlebnissen dieses Festes. Wir möchten sie jetzt ablegen: die angespannte Erwartung und Unruhe des Festes / die verschiedenen Bedürfnisse in der Familie, denen wir gerecht zu werden versuchten / Wir wollen uns freuen über alles, was gelungen ist zu diesem Fest. / Wir möchten uns öffnen für verschüttete Hoffnungen / für Sehnsucht, die zu groß erscheint / für Fragen, die kaum noch gestellt werden. / Wir möchten Raum geben unseren Wünschen und Träumen / Wir möchten uns fallenlassen und mitschwingen in der großen Verheißung, die Weihnachten auf uns trifft: In den Himmeln: Gottes Macht! Licht! Herrlichkeit! Auf der Erde: Gottes Frieden! Frieden allen, die er liebt. / Ich lade Sie und Euch ein, jetzt in der Stille einen Augenblick nachzudenken, jeder für sich: welche Hoffnung, welche Sehnsüchte bewegen mich? / Welche Freude, welche Fragen bringe ich mit hierher? / Welche Erwartungen bestimmen mein Weihnachten?

Eingangsgebet

Wir feiern Weihnachten, das Fest der Geburt Jesu, der gesagt hat: / Ich bin das Licht der Welt. / Wir brauchen Zeit, / um zu ermessen, was das bedeutet: / Das Licht scheint in der Finsternis. / Wir bitten: Gott, gib uns Zeit, / gib uns Ruhe. / Hilf uns hören, / hilf uns feiern. / Laß es hell werden – / in unserer Welt – / durch deinen Sohn Jesus Christus.

(nach: Ch. Zippert, Neue Gottesdienstgebete, Gütersloh 1981, S. 57)

Lesung

Ich schlage vor, nur eine Lesung zu halten, das Weihnachtsevangelium, evtl. in Abschnitten. Für die Predigt werde ich auf die Übersetzung von Walter Jens zurückgreifen, die allerdings nur die Verse 1–14 bringt (W. Jens, a.a.O. S. 7 f.). Diese Übersetzung bewahrt m.E. in gelungener Weise die Radikalität der Botschaft (vor allem in Vers 14), ohne die erzählerische Schönheit zu verleugnen. Wo es möglich ist, sollte die Lesung durch Dias oder Bilder illustriert werden, die einen Brückenschlag leisten zu Menschen, die heute bei uns Ziel der Weihnachtsbotschaft sind. (Z.B. kurt-martin magiera/jürgen heinemann. ich habe dein gesicht gesehen oder: jesus lebt in ibimirim, panama-city und anderswo. 33 texte und fotos. verlag butzon & bercker. d-4178 kevelaer, 1975). Darüber hinaus sollte jeder in seinem Arbeitsbereich Ausschau halten nach Bildern, die auch sonst in der Gemeindearbeit eine Rolle spielen oder gespielt haben (Oekumene/ Diakonie).

Fürbittengebet

Du bist Mensch geworden, Gott, / Durch dich wird die Welt geschaffen. /

Schaffe weiter an ihr. / Schaffe neu, was du gebildet hast. / Verbinde, was zerfällt. / Gib uns Augen, dein Licht zu sehen; / Gib uns Kraft, Frucht zu bringen und uns zu freuen. / Löse das Erstarrte. / Mach uns lebendig, die wir erstarren in Angst. / Gib Mut den Verzagten, / Hoffnung den Niedergeschlagenen, / Freiheit den Verschuldeten, / Glauben allen, die sich nach Glauben sehnen. / Gib den Stummen ein Wort. / Den Liebenden ein Wort der Liebe. / Den Dankbaren ein Wort des Danks. / Gib den Mißtrauischen ein Wort des Vertrauens / und allen, die nicht wissen, wie sie dich preisen sollen, / ein Wort, dich zu preisen, mein Gott.
(nach: Jörg Zink, Wie wir beten können, Stuttgart 1970, S. 51)

Lieder

Aus dem Kirchentagsliederheft 1983 »Umkehr zum Leben«:
Nr. 765 (Du Kind, zu dieser heilgen Zeit); 766 (Weil Gott in tiefster Nacht erschienen); 763 (Lobt den Herrn); 760 (Lobt und preist die herrlichen Taten); 761 (Go, tell it on the mountain); Kirchentagsliederheft 1981 »Fürchte dich nicht«: Nr. 38 (Freut euch, ihr Christen). EKG 27, 1–3+6; 15, 1,3,4,7; 21; 34.

Vorschläge für die Predigt

Möglicher Anfang

»Am besten geht es mit ›Stille Nacht, Heilige Nacht‹ und in Augenhöhe Bilder vom Heiligen Paar. Und, wissen Sie, Schnee. Draußen knackig kalt – dann ist für uns hier drin richtig Weihnachten.« – Der mir das sagt, ist Geschäftsführer eines Einkaufszentrums. Weihnachten ist für ihn ein Geschäft. Eine gute Werbeidee. Nicht einmal teuer.
»Aber das kann doch Lukas nicht gemeint haben, als er die Geschichte von Jesu Geburt schrieb«, versuche ich mit dem Geschäftsführer ins Gespräch zu kommen. »Ach, hören Sie doch auf«, erwidert er und zeigt auf das geschäftige Treiben um uns herum, »man muß schon blind sein, um zu übersehen, daß die Leute nichts wissen wollen von Hunger und Krieg, Leid und Not. Dagegen kommen Sie und Ihre Geschichte nicht an!« Die veröffentlichte Meinung gibt ihm Recht. Im vergangenen Jahr schrieb am ersten Weihnachtsfeiertag ein Kommentator in einer Sonntagszeitung: »... während Rundfunk und Fernsehen ihre Hörer und Seher mit Leidensgeschichten aus Hungergebieten der Dritten Welt malträtieren ..., findet der Bürger im freien Teil Deutschlands zu Fröhlichkeit und Zufriedenheit zurück.« Ein Grund zu hämischer Freude? – Mir fällt ein Widerspruch auf: die da zu »Stille Nacht, Heilige Nacht« ihre Einkaufswagen füllen, tun das scheinbar ohne große Freude. Leere, genervte Gesichter hetzen durch die Gänge, auf der Suche, am Ende: »Ich freue mich, wenn Weihnachten vorbei ist«, sagt einer – welch eine Verkehrung der Weihnachtsfreude der

Hirten, die auf das »Fürchtet euch nicht« des Engels in Bewegung geraten! Weihnachten, das Fest des Jahres: da scheint es zu stören, wenn einer dem Sinn der Botschaft auf die Spur zu kommen versucht. Wut schwingt da mit in dem Zeitungskommentar zum Beispiel. Rühr' nicht an meine Ängste, du Miesmacher. Da ist nun Weihnachten Gott uns Menschen wieder einmal so richtig nah gekommen, als Mensch, so wie wir es erfassen können; als holder Knabe im lockigen Haar; in Windeln gewickelt wie alle normalen Kinder, lieb anzuschauen; – nein, ich lasse mir den süßen Knaben nicht wieder aus den Armen reißen!

Liebe Gemeinde, ich möchte Ihnen und mir heute am Weihnachtsfest die andere Seite der Weihnachtsbotschaft zumuten; das Erbärmliche am Kommen Gottes in diese Welt, das nicht geschäftsfähig ist; das uns aufrütteln, nicht einlullen will; das nicht Harmonie um jeden Preis, sondern Widerspruch ist.

Eigentlich in Kargheit und Härte kaum zu überbieten, ist der Weihnachtstext des Lukas in Übersetzungen, Liedern, künstlerischen Darstellungen immer wieder zu einer sentimentalen Idylle geworden. – Gott als kleines, niedliches Göttlein zum Streicheln und Anfassen – völlig ungefährlich und formbar. Diese rührende Seite, die natürlich in der Geschichte auch angelegt ist, die betonen wir immer wieder gern. Vielleicht, weil wir die Radikalität der Weihnachtsbotschaft nur schwer aushalten können: Gott mußte sich erniedrigen, ganz herunterkommen in unsere Niederungen, damit die Menschen ihn überhaupt wahrnahmen. – Da schwingt ja auch Kritik mit. – Gott kommt auf die Erde: er kommt uns auf die Schliche, bleibt auf unserer Spur; er sagt uns, was wahr ist – und das tut oft genug weh.

Zum weiteren Verlauf

Der Bruch zwischen der gewünschten Bedeutung der Weihnachtsbotschaft und dem tatsächlich Gemeinten, zwischen Traumbild und Realität geht über den Text hinaus in die Gestaltung des Weihnachtsfestes hinein. Das »Fest des Friedens« überfordert uns: Polizeibeamte berichten von zunehmenden Familienstreitereien gerade an Weihnachten; Einsamkeit wird für viele Menschen zum Problem gerade am Fest der Liebe; »Angst vor Weihnachten« ist ein Gefühl, das viele bedrückt, weil die Weihnachtsbotschaft »Fürchtet euch nicht«, ursprünglich den Einsamen und Ängstlichen zugerufen, gerade sie oft nicht erreicht. Vor allem viele Jugendliche spüren, daß hinter unserer gut ausgeleuchteten Fest-der-Liebe-Fassade manches nicht im Lot ist. Weihnachten – das ist eben auch die Zeit notdürftig gekitteter Risse, der Flucht vor Eindeutigkeiten, der Verdrängung von Wirklichkeit.

Gott kommt in unsere Welt. Aber er geht nicht in unserer Wirklichkeit einfach auf, läßt sich nicht einfangen von verträumter Idylle, er sprengt die Grenzen unserer Vorstellungskraft. Hier würde ich an einem Beispiel aus

dem Wirken des erwachsenen Jesus deutlich zu machen versuchen, was das heißen kann (Zöllner-Mahl; Zachäus; Ehebrecherin o.ä.). »Habt keine Furcht! ... denn heute wurde euch in der Stadt Davids der Retter geboren!« – Gott offenbart sich den Menschen in dem Sohn Jesus von Nazareth; in dem, was er sagt und tut, redet und handelt Gott selbst – in aller Klarheit und Eindeutigkeit, ohne ausgewogenes Sowohl-Alsauch.
»Ich bin gekommen, zu suchen, was verloren ist ...« Gott kommt zu den Menschen herunter; als Heruntergekommener im Vollsinn des Wortes lebt er sein Leben mit den Heruntergekommenen dieser menschlichen Gemeinschaft – und für sie.
Hier ist der Ort für mögliche Konkretionen: ruhig eine Geschichte aus dem Bereich der Gemeinde, die den Schreiber des oben erwähnten Kommentars »malträtieren« würde – unsere Heruntergekommenen, die Stadtstreicher, Obdachlosen, Asylanten, Abgeschobene und Abzuschiebende, unsere »Hirten«. Wer zur Lesung des Evangeliums Dias oder Bilder gezeigt hat, sollte sie oder einige von ihnen an dieser Stelle der Predigt noch einmal zeigen. Ich empfehle, rechtzeitig vor Weihnachten eventuell Motive in der eigenen Gemeinde zu suchen und zu photographieren.
Hirten sind Gottes ausgewählte Botschafter. Menschen ohne Recht und Achtung. In einem Stall, der erbärmlichsten aller denkbaren und gar nicht romantischen Geburtsstätten, beginnt das Leben des heruntergekommenen Gottes. »Ihr werdet ein Kind finden, das in Windeln gewickelt in einer Krippe liegt.« – Das ist zusammengefaßt die Herausforderung der Weihnachtsbotschaft, die unserer Wirklichkeit so energisch widerspricht: *So* ist Gott uns überlegen; so ist es, wenn der Himmel auf die Erde kommt, nicht paradiesisch-rein, sondern hart-schmutzig, vertrieben-arm!
Meine Predigt wird hier die Weihnachtsgeschichte beschreiben als Appell zur Umkehr: solange es diese menschliche Gemeinschaft mit ihrer Benachteiligung der Schwachen und Hilflosen noch gibt; solange noch Menschen und ganze Völker von ihr als minderwertig bezeichnet werden, so lange wird es das nicht geben, wovon Lukas die Engel singen läßt: »Auf der Erde: Frieden! Frieden allen, die er liebt!«
Die Radikalität der Weihnachtsbotschaft erfaßt das Vertrauen, der Glaube, der Veränderung in dieser Welt für nötig und möglich hält durch diesen in die Welt gekommenen Gott. Die Weihnachtsgeschichte soll begreifbar werden als ein Glaubenszeugnis von Menschen, die Erfahrungen machen mit dem Mann Jesus von Nazareth, die in ihm Gott selbst erkennen, deren Dunkelheiten plötzlich erleuchtet, deren Resignation in Hoffnung verwandelt wird (Beispiele).
Die Weihnachtsbotschaft ist erzählt und gehört im Zeichen des Kreuzes. Stall und Galgen, Krippe und Marterholz; die Mutter an der Krippe und die Mutter unter dem Henkerskreuz; die dunkle Nacht von Bethlehem und die

Tagesnacht von Golgatha gehören zusammen. Der ganze Lebensweg des Mannes aus Nazareth, vom Stall in Bethlehem bis zum Galgen auf Golgatha und zum leeren Grab am Ostermorgen ist Grund der großen Freude, die die Engel den Hirten verkünden; dieses eine Leben ist Hoffnung für die Welt, daß nichts bleiben muß, wie es ist. Deshalb gehören die »malträtierenden« Leidensgeschichten dieser Welt neben die unseres Gottes gestellt! Gerade an Weihnachten ist mir dies wichtig.

Möglicher Schluß

Weihnachten ist der Ort, wo Himmel und Erde zusammenstoßen; wo Oben und Unten aufgehoben sind. Das Herunterkommen Gottes zu uns will uns zu Hirten auf dem Feld machen: daß wir uns treffen lassen von der Radikalität und Eindeutigkeit Gottes; daß wir uns gleich ihnen in Bewegung setzen, die frohe Botschaft in der Welt zu verbreiten, ihre Überlegenheit gegen alle Widerstände und Widersprüche zu behaupten. Denn das ist der Grund der Freude für diese Welt: Lobt Gott, ihr Christen, alle gleich – denn Gott wird eindeutig; Gott läßt sich herab; Gott nimmt sich Zeit für uns – nicht nur als holder Knabe im lockigen Haar, sondern vor allem als leidender Mensch auf seinem Weg vom Stall zum Kreuz. Ein Stück auf diesem Weg mit Gott mitgehen; ihn zum eigenen Lebensweg machen – das heißt, seine Verheißung an- und ernstzunehmen, heißt Glauben; heißt, der Vollendung entgegenzutreiben, was die Engel den Hirten verkünden: »Auf der Erde: Gottes Frieden! Frieden allen, die er liebt.«

Kontexte

Käme er heute / Käme er heute und machte es wie damals – / sähe es so aus? / In den Slums von East-Harlem – / Maria eine Neger-Mammie. / Josef heißt Salvatore. / Im Zelt der Besitzlosen jenseits des Jordans / Gott, Bruder der Armen. / Elf Quadratmeter für Jesusmariaundjosef / im siebenstöckigen Hochhaus / von Wang Tai Sin – / siebentausend Nachbarn sind Hirten unterm / gleichen Dach. / Mietpartei irgendwo im Revier: / ach so, nur ein Zimmermann! / In einer Vorstadtbarakke, im Gleisdreieck, / in der Kolonie Rote Erde. / Längst ist vergessen: / Auch in Bethlehem gab's Wohnzimmer, / reichgedeckte Tische und Marmor. / Käme er heute und machte es wie damals – / wie sähe es aus? (Kurtmartin Magiera. Aus: ders. (Hg.), Die Nacht im Dezember. Verlag Butzon & Bercker, Kevelaer 1968. Zitiert in: Sigrid Berg (Hg.), Weihnachten. Materialien und Entwürfe für den RU. Stuttgart 1978, S. 196)

Es müssen nicht Männer mit Flügeln sein, / die Engel. / Sie gehen leise, sie müssen nicht schrein, / oft sind sie alt und häßlich und klein, / die Engel. / Sie haben kein Schwert, kein weißes Gewand, / die Engel. / Vielleicht ist einer, der gibt dir die Hand, / oder er wohnt neben dir, Wand an Wand, / der Engel. / Dem Hungernden hat er das Brot gebracht, / der Engel. / Dem Kranken hat er das Bett gemacht, / und er hört, wenn du ihn rufst, in der Nacht, / der Engel. / Er steht im Weg und er sagt:

Nein. / Der Engel, / groß wie ein Pfahl und hart wie ein Stein – / es müssen nicht Männer mit Flügeln sein, / die Engel. (R.O. Wiemer, Bethlehem ist überall, Gütersloh 1979, S. 96)

Es geschehen in ihr (der Weihnachtsgeschichte) zwei Wunder. Das erste ist, daß Gott weiß, wohin er gehört; daß Gott seine Leute findet: die Hirten, die Armen, die Rechtlosen. Nachdem die Geschichte erzählt ist, kann er nicht mehr in Palästen und Residenzen gesucht werden. Er hat sich endgültig von den starken Bataillonen verabschiedet. Retter ist sein Name. Das heißt, er ist da, wo er gebraucht wird. Er ist bei den Geschröpften. Das zweite Wunder erzählt der letzte Teil der Weihnachtsgeschichte: Die stumm gemachten Hirten sprechen. Es kommt Bewegung in sie. Sie wollen sehen und finden. Sie gehen hin. Und nachdem sie das Kind gefunden haben, »machten Sie das Wort kund«, und sie preisen und loben Gott. Die Armen stehen auf – das ist das Wunder ...« (Fulbert Steffensky, Zweifel – und Zweifel am Zweifel. In: Walter Jens, a.a.O. S. 37)

Fürchte dich nicht! / Die Herrschenden können die Schrift an der Wand / nicht mehr übersehen / die Beherrschten kehren sich ab vom Kopfnicken / die Waffenhändler wagen nicht mehr / über die am Boden Liegenden zu steigen / die Bischöfe geben die schlüpfrigen Reden auf / und sagen nein / die Freunde Jesu blockieren die Straßen des Overkill / die Schulkinder erfahren die Wahrheit / woran sollen wir einen Engel erkennen / außer daß er Mut macht wo Angst war / Freude, wo nicht mal mehr Trauer wuchs / Einspruch, wo Sachzwang herrschte / Abrüstung, wo Terror glaubwürdig drohte / Fürchte dich nicht, der Widerstand wächst. (Dorothee Sölle, in: dies., Spiel doch von Brot und Rosen, Berlin 1981)

Das Teilen der Armen, Teilen, wo nach unseren Vorstellungen gar nichts mehr zu teilen ist, das hat in der Nachfolge Jesu damals die Erfahrung gebracht, daß das geteilte Brot mehr ist, als vorher da war ... Der arme Jesus und seine hungernden Nachfolger damals ziehen durchs Land und feiern festliche Mahlzeiten mit den Zöllnern und Sündern, den Dirnen, den Kindern, dem Volk der Dörfer und der Städte. Freudenfeste der Habenichtse, die die Solidarität erfahren hatten und die Macht der Liebe Gottes. Diese Liebe Gottes blieb nicht in den Häusern, sie drängte auf die Straßen und Plätze der Stadt. Besonders dahin, wo sich die Kranken und Arbeitslosen hinzogen. (Luise Schottroff, Das Evangelium der Armen. In: Walter Jens, a.a.O. S. 60 f.)

2. Weihnachtsfeiertag

Predigttext: Johannes 1,1–14
Roswitha Alterhoff

Theologisch-homiletische Skizze

Wer den Gottesdienst am 2. Weihnachtsfeiertag besucht, will die zentrale Botschaft dieses Festtages feiern, zumal in den meisten Gemeinden dieser Gottesdienst mit dem Abendmahl verbunden ist. So soll die weihnachtliche Zusage: »Das Wort ward Fleisch, Gott wird Kind« ohne lange Vorläufe und Verpackungen zu Gehör gebracht werden. Es ist das Vorhaben des Gottesdienstes, den Glauben an das fleischgewordene Wort zu stärken und das Wunder der Menschwerdung zu feiern, weniger zu erklären. Das geht auch gar nicht. Der Evangelist Johannes erklärt auch nicht. Er beginnt sein Evangelium mit einem Hymnus – eine angemessene Weise, Gott zu antworten und ihn der Welt zu Gehör zu bringen. Darum handelt die erste Hälfte der Predigt von der Ablösung alter Gottesvorstellungen und die zweite Hälfte von der Fleischwerdung. Hierin soll deutlich auf den Vers 14 eingegangen werden als zentrale Aussage des Prologes. Es ist ohnehin nicht möglich, alles in gleicher Weise aufzunehmen. Dennoch sollte der ganze Text (Verse 1–14) verlesen werden (Luther-Übersetzung oder Einheitsübersetzung). »Johannes dekretiert nicht: Gott ward Mensch, sondern er sagt: ›Und das Wort ward Fleisch.‹ Das heißt nicht: Jesus kam und starb, um im Geist aufzuerstehen und die Welt von Jerusalem aus zu erobern. Keine Aggression Gottes! Es geht anders weiter: ›Und wohnte unter uns!‹ Wir werden eingeladen, mit dem ›Wort‹, ja bei dem Wort, das Fleisch ward, zu verweilen.« (Ernst Fuchs, Programm der Entmythologisierung, ^{3}1967 Bad Cannstadt, S. 42)

Vorschläge zur Liturgie

Eröffnung

Mein Gott, dein hohes Fest des Lichtes / hat stets die Leidenden gemeint. / Und wer die Schrecken des Gerichtes / nicht als der Schuldigste beweint, / dem blieb dein Stern noch tief verhüllt / und deine Weihnacht unerfüllt. // Die ersten Zeugen, die du suchtest, / erschienen aller Hoffnung bar. / Voll Angst, als ob du ihnen fluchtest, / und elend war die Hirtenschar. / Den Ärmsten auf verlassenem Feld / gabst du die Botschaft an die Welt. // Die Feier ward zu bunt und heiter, / mit der die Welt dein Fest begeht. / Mach uns doch für die Nacht bereiter, in der dein Stern am Himmel steht. / Und über deiner Krippe schon / zeig uns dein Kreuz, du Menschensohn. //

Herr, daß wir dich so nennen können, / präg unseren Herzen heißer ein. / Wenn unsere Feste jäh zerrönnen, / muß jeder Tag noch Christtag sein. / Wir preisen dich in Schmerz, Schuld, Not / und loben dich bei Wein und Brot. (Jochen Klepper)

Lesungen
AT: Jes. 11,1–9; Evangelium: Lukas 2,15–20; Epistel: Gal. 4,4–7 oder 2. Petrus 1,16–19.

Lieder
EKG 15, 1–7; 17,1–4; 31,1–3; vor dem Abendmahl als Beichtlied EKG 27,8–10; zum Abendmahl EKG 28.
Zum Predigttext: Singe, Christenheit, Beiheft zum EKG für die Evangelische Kirche in Hessen und Nassau und die Evangelische Kirche von Kurhessen-Waldeck, Nr. 621: ›Und das Wort ward Fleisch ... ‹

Begrüßung
Zu diesem Gottesdienst begrüße ich alle mit den Worten des Engels: Siehe, ich verkündige euch große Freude, denn euch ist heute der Heiland geboren. Wir wollen unseres Glaubens froh werden und uns vergewissern: Gott wohnt unter uns. Als Zeichen seiner Gegenwart feiern wir auch das Abendmahl.

Bittruf
Laßt uns den Herrn um sein Erbarmen bitten, denn unser Glaube ist klein und unser Zutrauen zu Gottes Gegenwart gering, und wir übersehen die Zeichen seiner heilsamen Anwesenheit. Darum laßt uns rufen.

Lobpreis
Der allmächtige Gott hat sich unser erbarmt. Das haben wir zum Zeichen: ein Kind, in Windeln gewickelt und in einer Krippe liegend.
Darum können wir einstimmen in den Lobgesang der Engel.

Sündenbekenntnis
Herr, wir haben es so oft gesungen in der Adventszeit: Macht hoch die Tür, die Tor macht weit, es kommt der Herr der Herrlichkeit. Aber du weißt auch, wie oft wir nur mit den Lippen gesungen und unser Herz nicht geöffnet haben; daß dir da so vieles den Platz versperrt, woran wir hängen und was uns wichtiger ist, und daß für dich heute immer noch gilt, was Lukas damals schon beschrieben hat: kein Raum in der Herberge. Und nun hast du es trotzdem wieder Weihnachten werden lassen. Du bist gekommen, auch wenn wir uns nicht vorbereitet haben. Habe Dank für deine

Geduld vor verschlossenen Herzenstüren. Schenke uns deinen Weihnachtsfrieden und erbarme dich unser.
(Burkhard Heim, Beten im Gottesdienst, [2]1974 Neuffen, S. 18)

Gebete
Herr
du warst bei den Hirten in der Nacht.
Du hast sie licht gemacht, als sie dunkel waren.
Du hast sie reich gemacht als sie arm waren.
Du hast sie froh gemacht als sie elend waren
du hast sie munter und fröhlich gemacht
da sie müde und niedergeschlagen waren
du hast ihre Welt und ihr Leben mit dem Glanz deiner Herrlichkeit erfüllt.
Komm so auch zu uns in diesem Jahr.
Wir bitten dich.
Komm zu uns in denen es dunkel ist
und mach uns licht
komm zu uns die wir innerlich so arm geworden sind
die wir keinen Mut mehr zum Leben haben
und mache uns reich.
Reich mit Liebe füreinander
reich mit Phantasie zum Frieden.
Komm zu uns und mache uns froh
die wir nicht mehr unbeschwert und von Herzen fröhlich sein können
weil uns der Grund zur Freude fehlt.
Komm zu uns und mache uns fröhlich zu Hause und mit jedermann
fröhlich über deine Gaben in dieser Welt.
Komm zu uns und laß doch deine Herrlichkeit auch über uns leuchten
hier und in aller Welt
bei allen Einsamen und Kranken, allen Gequälten und Friedlosen.
Komm zu uns und in alle Welt mit deiner Herrlichkeit o Gott
damit wir dich hier und in aller Welt loben können.
(Bannach-Raff, Gemeinsam vor Gott, Gütersloh 1974, S. 19)

Die Menschen sehen, wie sie wirklich sind, wie Gott sie geschaffen hat, nicht entstellt durch das Böse – / auch noch im Verbrecher den Menschen erkennen und achten, im verrunzelten Gesicht einer alten Frau die übersehene Schönheit entdecken, in unreifen, unfertigen Jugendlichen kommende Möglichkeiten wahrnehmen und entfalten helfen – / dazu hilf uns, Jesus, Sohn Gottes. / Die Welt sehen, wie sie wirklich ist, wie Gott sie geschaffen hat, nicht verdorben und zerstört durch menschlichen Mutwillen – / die Gefahren einer unbegrenzten technischen Entwicklung er-

kennen und bannen, / die Welt sauber halten und wohnlich machen wie das eigene Haus, die Wunder der Natur mit Ehrfurcht anschauen – / dazu hilf uns, Jesus, Sohn Gottes. / Gott sehen, wie er wirklich ist, nicht im Zerrbild der Angst und des schlechten Gewissens, nicht als Ausgeburt enttäuschter, unerfüllter Sehnsucht, sondern als lebendiges Du, / als Vater, der für seine Kinder da ist, als unermüdliche, verstehende und befreiende Liebe – / dazu hilf uns, Jesus, Sohn Gottes, / du Abglanz seiner Herrlichkeit und Ebenbild seines Wesens, / du bist unsere Hoffnung.
(Zippert, Neue Gottesdienstgebete, Gütersloh 1981, S. 100)

Wenn du dich, Herr, mir zueignest, du, das ewige Wort, das Fleisch wurde, das in meine Zeit einging, wenn du dich mir zueignest in den Gestalten von Brot und Wein, dann durchdringst du mich, dann bist du die Luft, die ich atme, der Gedanke, den ich denke, das Pochen des Herzens, das mein Leben kundtut, dann bist du die Weite, die meine Grenzen sprengt. Und in dir bin ich allem nahe, was ist, alles, was aus deinem schöpferischen Wort hervorgegangen ist, umgibt mich in Brot und Wein. Du selbst bringst mich zu allen deinen Geschöpfen, und ich versammle mich mit den Menschen, mit Gräsern und Halmen, mit allem, was atmet, mit den Steinen in der Tiefe und den Sternen am Firmament in deine Nähe, um dein Lob zu singen.
(Bannach, Gebete der Stille, ^{3}1979 Stuttgart, S. 12)

Vorschläge für die Predigt

Möglicher Anfang

Liebe Gemeinde! Es ist immer ein bißchen schade, wenn die Heilige Nacht vorbei ist. Das Weihnachtsfest hat jedenfalls seinen Höhepunkt erreicht. Wir haben uns gefreut an den Lichtern des Weihnachtsbaumes, an den strahlenden Augen der Kinder, haben die Geschenke ausgepackt. Die Überraschung ist vorbei. Wir haben die alte Geschichte gehört – vom Kind in der Krippe. Hundertemale haben wir ›Frohe Weihnachten‹ gewünscht und es auch gehört. Und spätestens morgen werden wir feststellen: Das war's wieder einmal. War's das? Und jetzt:
Diese merkwürdigen Sätze: Am Anfang war das Wort, und das Wort war bei Gott. Sie klingen zunächst so unweihnachtlich. Sie holen weit aus. Bis zurück zum Anfang der Welt gehen sie. Ja, noch weiter zurück. Sie geben Einblick in das geheimnisvolle Sein Gottes, bevor noch irgendetwas da war. Für Geheimnisse sind wir ja sonst zu haben. Und feierlich klingt's auch. Vielleicht haben wir es beim Hören noch gespürt.
Diese Sätze haben einen eigenen Rhythmus. Das war auch mal ein Lied. Ein Jubellied. Nach Weihnachten. Nach Karfreitag. Nach Ostern.

Ein paar Leute haben nicht gesagt: Das war's. Sondern: Jetzt geht es erst richtig los.

Zum weiteren Verlauf

Was das bedeutet, Gott tritt aus seinem Geheimnis heraus – der Schöpfer durch das Wort, müßte nun entfaltet werden. Er bleibt nicht in der Ferne. Die Gottesbilder in uns und um uns sind an ein Ende gekommen. Endgültig. Das muß gesagt werden. Angeknüpft werden könnte an die Gottesbilder von Kindern und Jugendlichen, die ja in jedem Menschen verbleiben: als Rest oder doch mächtig in ihrer Wirkung.

Wie Konfirmanden sich Gott vorstellen: fern der Welt, groß als König, als Mann mit den Fäden der Geschicke in der Hand, als Retter in der Not, als Adresse für Stoßgebete in Gefahr. Und als solcher auch verabschiedet aus dem eigenen Leben. Das hält sich ja nicht durch.

Wie ungeheuerlich ist doch diese Botschaft: das Wort ward Fleisch. Und wohnte unter uns. Was hat Gott mit dem Fleisch zu tun? Also der redet recht und glaubwürdig von Gott, der sagen kann, was Gott mit dem Fleisch, in dem wir drinstecken, zu tun hat. Er ist genauso gebaut wie wir. Das ist angemessene Verkündigung. Das ist frohe Botschaft. Gott ist Mensch geworden. Das ist dasselbe. Fleisch: das ist der ganze Mensch, sofern er ausgeliefert ist, sofern er atmet, ißt und schläft. Mindestens dieses.

›In unser armes Fleisch und Blut verkleidet sich das ewig Gut‹ heißt es in dem Weihnachtslied.

Zur Veranschaulichung sollten hier ruhig Beispiele genannt werden, wie wir als Menschen unsere Geschichte auch im Fleisch durchmachen: Spuren von harter Arbeit, Spuren von Mißachtung, usw. zeichnen sich ab, sind ablesbar bei mir und anderen. Das Wort ward Fleisch und wohnte unter uns. Jesus hat im Fleisch so gelebt, daß andere von ihm bekennen mußten: Wer ihn sieht, der sieht Gott. Am Sterbenden bekennt der Hauptmann: Wahrlich, dieser Mensch ist Gottes Sohn gewesen! Wir sahen seine Herrlichkeit. Es muß noch mehr ablesbar sein als das Sterben und Wenigerwerden: die Liebe Gottes, Freiheit gegenüber dem Gesetz, Leidenschaft für die Menschen ...

Das alles war für die, die Augen hatten zu sehen, am Fleisch Jesu sichtbar. Und diese Menschen haben zuerst bekannt: ›Gott ist im Fleisch gekommen.‹

Nichts ist mehr zu gering oder zu klein. Also hat Gott auch mit mir zu tun. Mit meinem Leben, mit meinem Sterben.

Schlußsätze

Angefangen hat es mit dem Kind in der Krippe. Aber erst angefangen! Weihnachten ist der Anfang Gottes mit mir, liebe Gemeinde. Jetzt geht es erst richtig los. Nichts ist ihm fremd. Alles ist ihm wichtig und wertvoll. Amen.

Kontexte

Friedrich von Hardenberg (Novalis):

Wenn nicht mehr Zahlen und Figuren / Sind Schlüssel aller Kreaturen, / Wenn die, so singen oder küssen / mehr als die Tiefgelehrten wissen, / Wenn sich die Welt ins freie Leben / und in die Welt wird zurückbegeben, / Wenn dann sich wieder Licht und Schatten / Zu echter Klarheit wieder gatten / Und man in Märchen und Gedichten / Erkennt die wahren Weltgeschichten, / Dann fliegt vor *einem* geheimen Wort / Das ganze verkehrte Wesen fort.

(Echtermeyer, Deutsche Gedichte, Düsseldorf 1973, S. 332)

Hermann Hesse:

Immer wieder wird er Mensch geboren, / spricht zu frommen, spricht zu tauben Ohren, / Kommt uns nah und geht uns neu verloren. //

Immer wieder muß er wirksam ragen, / Aller Brüder Not und Sehnsucht tragen, / Immer wird er neu ans Kreuz geschlagen. //

Immer wieder will sich Gott verkünden, / Will das Himmlische ins Tal der Sünden, / Will ins Fleisch der Geist, der ewige, münden. //

Immer wieder auch in diesen Tagen, / Ist der Heiland unterwegs, zu segnen, / Unsern Ängsten, Tränen, Fragen, Klagen //

Mit dem stillen Blicke zu begegnen, / Den wir doch nicht zu erwidern wagen, / Weil nur Kinderaugen ihn ertragen.

Mein Jesus, viele freuten sich, weil sie Dich suchten und fanden. Ich freue mich, weil Du mich gesucht und gefunden hast. Bethlehems Hirten, denen die Engel erschienen, waren fröhlich, sie haben die Botschaft selbst gehört und gesehen. // Aber ich bin fröhlicher als die Hirten, weil ich das Evangelium nicht von den Engeln, sondern von Dir selbst gehört habe. Du hast gesagt: Komm her zu mir; ich will deine Last leichter machen. Darum bin ich fröhlicher als die Hirten von Bethlehem. // Die Weisen aus dem Morgenland, die den Stern sahen, waren glücklich, sie haben Dich gesucht und Dir kostbare Geschenke gebracht. Aber ich bin glücklicher als die Weisen, denn Du hast mich gesucht und mir das kostbare Geschenk der Welt, Deine Erlösung, gebracht. Darum bin ich glücklicher als die Weisen aus dem Morgenland. // Maria ist gesegnet, weil Du als Kind vierzig Wochen in ihrem Leib gewohnt hast. Aber ich bin gesegneter als Maria, weil Du, der auferstandene Christus, in meinem Herzen lebenslang wohnst. Darum bin ich gesegneter als Maria, Deine Mutter. // Simeon, der Prophet, freute sich und sagte: Meine Augen haben den Heiland gesehen. Ich habe dich nicht gesehen, doch ich glaube an Dich. Und weil Du selbst selig preist, die nicht sehen und doch glauben, darum bin ich auch selig über die Maßen.

(Johnson Gnanabaranam)

Sonntag nach Weihnachten

Predigttext: Lukas 2,(22–24)25–38(39–40)
Detlef Wendler

Theologisch-homiletische Skizze

Was mich an diesem Text am meisten berührt, ist der Schmerz, der wie ein Schwert durch die Seele der Maria dringen wird. Die Geburt und später das Leben Jesu ist Erfüllung lang gehegter Hoffnungen auf das Heil Israels und gleichzeitig deren Enttäuschung. Viele in Israel werden aufstehen, viele aber auch fallen (Vers 34). Jesus von Nazareth geht in der jüdischen Messiaserwartung nicht auf: Er gründet kein weltliches Königreich und befreit Israel nicht konkret-politisch vom Joch der Römer. Mögliche mütterliche Erwartungen der Maria ihrem Sohn gegenüber, daß es ihm gut geht und man auf ihn stolz sein kann, gehen nicht in Erfüllung. Er wird seine Mutter abweisen (Mk. 4,31 ff.). Von den Offiziellen im Lande wird er verfolgt werden.

Schmerz ist bei vielen gesetzestreuen Juden gegenüber der jungen Gruppe der Christen vorhanden gewesen. Der Vorwurf an die Christen wird gelautet haben: Ihr seid Abtrünnige, ihr habt die Messiaserwartung zugunsten der Verehrung eines Menschen aufgegeben, mag er noch so ethisch hochstehend sein. In dieser Auseinandersetzung hat der Text seinen historischen Ort. Anwort der Christen: Zwei Propheten aus euren Reihen, Simeon und Hanna, an deren Autorität nicht zu zweifeln ist, haben bestätigt, daß Jesus von Nazareth das Heil Israels ist. Und sie haben schon vorhergesagt, daß die Erfüllung der Hoffnungen für viele schmerzlich ist.

Eine Woche nach Weihnachten ist die Kerngemeinde der Gottesdiensttreuen wieder unter sich. Die weihnachtliche Stimmung ist – fast vollständig – wieder verflogen, die – oft dürftig besuchte – gottesdienstliche Normalität ist wieder da. Die Menschen, die an diesem Tag zur Kirche gehen, zeichnet ein besonderer Ernst und eine besondere Treue aus. Ich sehe das positiv. Gleichzeitig erleben gerade diese Gemeindeglieder immer wieder etwas dem Schmerz Marias Vergleichbares. Manchmal sagen sie dann: »Diese Kirche ist nicht mehr meine Kirche«. Beispiele dafür sind: Viele von ihnen haben sich aus Glaubensgründen ein Leben lang den Tanz verboten, jetzt erleben sie, daß junge Christen tanzen – sogar in Gottesdiensten! Sie sehen, daß in der Ökumene Jesus Christus als ein Schwarzer dargestellt wird, während sie selbst ihn sich nicht anders als europäisch vorstellen können. Anstößig ist für viele auch, wenn sie einen Pfarrer bei einer Demonstration sehen. Ich möchte die Gottesdienstbesucher in ihrer Treue und in ihrem manchmal schmerzlichen Gefühl gegenüber ihrer Kirche ernstnehmen. Ich möchte

ihnen zumuten, daß das Schmerzliche die legitime Gestalt des Evangeliums sein kann.
Simeon ist der »Schutzpatron der treuen Kirchgänger« (W. Stählin, Predigthilfen IV, S. 37 f., Kassel 1966) und insofern eine passende Gestalt. Ihn zeichnet die Fähigkeit aus, das Heil sub contrario zu sehen: in der Unscheinbarkeit des Kindes. Nur für einen vom Geist Gottes Erleuchteten kann ein Säugling Erfüllung jahrzehntelanger Hoffnung sein. Der Gemeinde der treuen Gottesdienstbesucher heute wird zugemutet, das Heil in unscheinbaren Anfängen oder sogar im für sie Anstößigen zu sehen. Mögen sie wie Simeon Geist Gottes genug haben.
Zur Abgrenzung: Ich fasse den Text so eng wie möglich und beschränke mich auf die VV 25–38.

Vorschläge zur Liturgie

Eingangspsalm

Singet dem Herrn ein neues Lied, denn er tut Wunder.
Er schafft Heil mit seiner Rechten und mit seinem heiligen Arm.
Der Herr läßt sein Heil kund werden,
vor den Völkern macht er seine Gerechtigkeit offenbar.

Sündenbekenntnis

Barmherziger Gott! Du liebst uns, wenn wir ehrlich mit uns selbst sind. Wenn wir Ärger Ärger und Enttäuschung Enttäuschung nennen. Herr, oft sind wir von einem anderen Menschen enttäuscht, weil wir nur uns selbst sehen, unsere eigenen Gefühle, unsere eigene Betroffenheit. Gib uns die Kraft, alles auch mit den Augen des anderen zu sehen. Laß aus Ärger nicht Haß werden, sondern gib, daß er fruchtbar wird zum besseren Verstehen. Du schickst uns Schönes und Schweres, Freude und Anstößiges. Gib uns die Kraft, auch darin deinen Fingerzeig zu sehen. Herr, erbarme dich!

Kollektengebet

Herr! Dein Wort zu hören ist nicht immer schön. Manchmal tut es weh, zu merken: Du bist anders, als ich mir wünsche. Manchmal tut es weh, zu merken: Ich habe mir ein allzu egoistisches Bild von dir gemacht. Dabei weiß ich: Dein Wort ist Wahrheit und dein Reich die Hoffnung der Welt. Mach uns offen für dein Wort, durch Jesus Christus, der mit dir und dem Heiligen Geist lebt und regiert von Ewigkeit zu Ewigkeit.

Lesung

Mt. 11,2–6
Der Text bringt die Möglichkeit des »Irre-Werdens« an dem zur Sprache, dessen Geburt wir Weihnachten gefeiert haben.
Psalm 121 passend zum Alternativvorschlag zur Predigt.

Lieder
49,1.3.6; 50,1–6
Viel Menschen sind in großer Not / und schaun nach Hilfe aus. / Ihr Christen, gebet ihnen Brot, baut mit an ihrem Haus.
Der Reichtum, der uns eigen ist, / gehört der ganzen Welt. Das ist fürwahr ein schlechter Christ, der ihn für sich behält.
Was Gott, der Herr, den Seinen schenkt, / für alle ist's gedacht, und wer nur an sich selber denkt, hat alles falsch gemacht.
Gott liebt die Menschen auf der Welt / ob schwarz, ob weiß sie sind; / der sie in seinen Händen hält, / ist wahrlich farbenblind.
Er gibt den Regen, Sonnenschein, macht keinen Unterschied. / Drum laßt uns alle Brüder sein, ihm singen unser Lied
und nehmen uns mit Zuversicht / der Not des Nächsten an, / denn was wir tun dem Bruder nicht, / ist Gott auch nicht getan.
Karl Fischer (aus: Brot und Frieden, hg.v. Aktion Brot für die Welt).
Melodie: EKG 231 »Nun danket all«

Vorschläge für die Predigt

Möglicher Anfang

Die ersten Christen hatten es schwer. Sie hielten ihre Gottesdienste nicht in Kirchen ab, sondern in Wohnungen. Wenn es gefährlich wurde, mußten sie im Keller Gottesdienst feiern. Sie zogen das Mißtrauen offizieller Stellen auf sich. Und als wenn das nicht genug gewesen wäre, hatten sie auch noch Auseinandersetzungen mit ihren Glaubensbrüdern und -schwestern von vor ein paar Jahren.

Sie mußten sich Vorwürfe anhören von Vertretern der jüdischen Religion, mit der sie sich doch verbunden fühlten. Und gerade die besonders ernsthaften und treuen Vertreter der alten Hoffnungen sagten den Christen harte Worte:

»Ihr seid Abtrünnige. Ihr habt den Glauben unserer Väter verraten. Wir warten doch alle auf den Retter. Er soll kommen und das Land befreien. Er soll kommen und Gottes Recht aufrichten. Den Armen soll es besser gehen, und fremde Götter sollen in Israel nicht mehr verehrt werden. Ihr seid des Wartens müde geworden. Ihr habt es nicht mehr ausgehalten. Die Spannung war euch zu groß: Immer das Elend sehen und nur hoffen können. Darum habt ihr diesen Jesus von Nazareth Messias genannt. Der mag ja ein hervorragender Mensch sein, aber doch nicht der erwartete Retter Israels.«

So oder ähnlich setzten sie den Christen zu. Wie gut, daß die im Gegenzug erzählen konnten, was bei der Darstellung des kleinen Jesus im Tempel geschah: Zwei Propheten, Simeon und Hanna, an deren Autorität nicht zu zweifeln ist, haben es damals schon gesagt: Dieses Kind ist der Retter Israels. Die Worte, mit denen die ersten Christen das erzählt haben, sind uns überliefert.

– jetzt Predigttext –

Simeon hat es gesagt: Jesus ist der erwartete Retter. Freilich nicht so, wie manche es erwarten. Viele in Israel werden an diesem Jesus Christus zu Fall kommen. Viele werden sich auflehnen. Und du, Maria – und manche vielleicht mit dir – dir wird es einen Stich ins Herz geben, wenn du siehst, was mit deinem Sohn wird.

Einen Stich ins Herz bekommen – das ist die Erfahrung vieler religiös ernsthafter Menschen damals mit der neuen Gruppe der Christen. Ein Stich ins Herz – das ist die Erfahrung vieler Christen heute mit ihrer Kirche, gerade auch der Ernsthaften.

Zum weiteren Verlauf

Es folgen schmerzliche Erfahrungen von Gemeindemitgliedern oder dem Pfarrer selbst (!), die gerade um des Evangeliums willen nötig sein könnten! Ich würde folgende Beispiele wählen:

1. Ich habe ein Bild von Azariah Mbatha gesehen, einem schwarzen Künstler aus Südafrika. Da war die heilige Familie dargestellt, Maria und Joseph als Schwarze, Jesus als ein kleines Negerkind. Und am anderen Ende des Bildes kamen drohend die Soldaten des Herodes, um die Kinder Bethlehems zu töten. Die Soldaten: Weiße. Diese Darstellung hat mir wehgetan. Ich kann verstehen, daß es aus der Sicht eines schwarzen Südafrikaners so richtig ist. Sie leiden unter den Weißen, die ihnen ihr Recht nehmen und ihnen Armut und Hunger aufzwingen. Das Bild ist auch für uns evangeliumsgemäß, weil es aufrüttelt. Aber es schmerzt, auf diese Weise mit der biblischen Geschichte konfrontiert zu werden.

2. Ich erlebe manchmal bei Gemeindegliedern, daß es ihnen weh tut, wenn der Pfarrer sie nicht besucht. Sie haben vielleicht 70. Geburtstag gehabt, haben etwas vorbereitet, haben auf den Pfarrer gewartet, und er hat sie nicht mit seinem Besuch geehrt. Sie mögen vielleicht daran gedacht haben, daß sie doch jedes Jahr die zeitaufwendige Straßensammlung durchführen. Sie kommen zum Gottesdienst, damit die Kirche nicht so leer ist, jetzt müßte der Pfarrer auch einmal in ihre leere Wohnung kommen. Eine Frau, der es so gegangen ist, spricht den Pfarrer später darauf an, ob er denn keine Besuche macht. Es stellt sich heraus, daß er sehr viele Besuche macht: bei Menschen, die in tiefen Sorgen stecken, die seelsorgerliche und soziale Hilfe brauchen. Vielleicht steht der Pfarrer so in der Nachfolge Jesu. Aber es schmerzt doch, wenn er mich nicht zum Geburtstag beehrt.

3.Bei uns hat eine Gemeinde in ihren alten Akten gegraben und festgestellt, daß vor 50 Jahren viele Presbyter und Pfarrer für Hitler waren. Menschen, an die man in anderen Zusammenhängen gute Erinnerungen hat. Sogar viele, die sich kritisch gegen die »Deutschen Christen« wandten, also gegen die Gleichschaltung der Kirche, standen dem Dritten Reich sonst positiv gegenüber. Darunter sehr ernsthafte Christen, denen es um die Erneuerung der Kirche ging. Es tut weh, zu sehen, wie Menschen irren können, wenn sie es noch so gut meinen. Es tut weh, den Gedanken zu denken, daß wir vielleicht genauso irren könnten!

Möglicher Schluß
Solche schmerzlichen Erfahrungen entstehen, weil Gottes Heil nicht dekkungsgleich ist mit der Erfüllung unserer Wünsche. Man kann den »Stich ins Herz« verstehen.
Genauso, wie man verstehen kann, daß den ernsthaften Juden damals der Glaube der ersten Christen weh getan hat.
Sie haben gehofft, der Retter Israels wird ein neues Königreich gründen. Der Davidide wird ein Reich von der Größe des Davidsreiches schaffen. Aber den die Christen Messias nennen, der wußte noch nicht einmal, wo er sich nachts zur Ruhe legen sollte.
Sie haben gehofft, daß der Retter Israels den Tempel erneuern und die Veehrung aller fremden Götter im Lande beenden wird. Kein Bild von Juppiter oder Mars, kein Kaiserbild soll mehr im ganzen Lande zu sehen sein. Und den die Christen Messias nennen, der wird noch von den Tempelleuten und Priestern verfolgt.
Sie haben gehofft, daß sie vielleicht so etwas wie einen Ausgleich bekommen für ihre Entsagungen. Denn manchmal kam der eine oder andere sich blöd vor, treu am Gesetz festzuhalten, während drum herum alle anderen sich vergnügten. Und den die Christen Messias nennen, der setzte sich zu den Sündern und aß und trank mit ihnen.
Simeon hat es vorhergesagt: Viele in Israel weden an ihm fallen. Aber viele werden auch an diesem Retter aufstehen. Und Jesus selbst hat gesagt: »Selig, wer sich nicht an mir ärgert«. Selig, dessen vielleicht schmerzliche Begegnung mit dem Evangelium nicht zur Ablehnung des Erlösers wird. Selig, der sich öffnen kann für neue Erfahrungen.

Alternativvorschlag
Text: nur VV 25–32
»Herr, nun kann ich in Frieden sterben« – diese Aussage von Simeon fasziniert. Vor allem, wenn man an die Art denkt, wie heute oft gestorben wird, Wer möchte das nicht: In Frieden leben und in Frieden sterben können. Läßt sich etwas von Simeon lernen?

1. Simeons ganzes Leben ist durch Gottes Geist bestimmt, daß heißt nicht durch die Ungeister, die heute weit verbreitet sind: Immer mehr haben wollen, besser abschneiden wollen als andere. Statt dessen: Leben in dem Bewußtsein, zu Gott zu gehören, was immer auch kommen mag, und sei es Krankheit oder Tod. Ja, über die Grenze des Todes hinaus gehören wir zu Gott. Erfahrungen des Predigenden mit Sterbenden einbringen, die Tod als ein Eingehen in die Geborgenheit Gottes erwartet haben: Eine Frau hat kurz vor ihrem Tod gesagt: »Als Christen wissen wir doch, wohin wir kommen«.

2. Entsprechend erwartet Simeon nicht dies und das, sondern das Heil. Worauf setzen wir unsere Hoffnungen? Auf den Lottogewinn, auf den medizinischen Fortschritt, auf ein Wunder? Falsche Hoffnungen halten einen Menschen an Dingen fest, die er doch nicht halten kann! Die Hoffnung auf das Heil Jesu Christi macht Menschen frei für das, was größer ist als wir.

3. Die Aussage des Simeon ist ein Gebet, und mit Sicherheit nicht das erste Gebet in seinem Leben. Was wird er vorher gebetet haben? »Herr, sieh doch an das Elend deines Volkes! Es muß doch ein Retter kommen!« – »Herr, warum läßt du uns so lange warten, wo die Not doch so schrecklich ist?« Wird Simeon nicht alles gebetet haben, war ihn bewegt: Verzweiflung, Angst, Müdigkeit, Hoffnungslosigkeit, bevor es zu diesem friedvollen Ende kommt? Alle Gefühle, »gute« und »ungute« vor Gott bringen, ist das nicht Hilfe zum friedvollen Leben und Sterben?

4. Simeon hat die prophetische Fähigkeit, das Heil schon im kleinen zu sehen. Muß man miterleben, daß der Enkel seine Arztpraxis öffnet, oder reicht es zu sehen, daß er sein Medizinstudium aufnimmt? Muß man sehen, daß die Weltwirtschaft gerecht geworden ist, oder reicht es zu sehen, daß Menschen in diese Richtung unterwegs sind und etwas in Bewegung kommt? Simeon sieht nur das Kind, darin kann er schon das Heil für die Welt sehen.

Diese vier Dinge kann man vielleicht von Simeon lernen: Ich weiß, ich gehöre zu Gott noch im Tode. Ich löse mich von irdischen Hoffnungen. Ich gebe Gott im Gebet alles, was mich bewegt, »Gutes« und »Schlechtes«. Ich versuche, das Heil schon in kleinen Anfängen zu sehen.

Wichtig ist, darüber sprechen zu können, was das für jeden von uns bedeutet. Wer versucht, darüber zu sprechen, erlebt immer wieder, daß andere davor zurückschrecken. Aber in einer Kirchengemeinde sollten sich doch Gesprächspartner dafür finden, und wenn es der Pfarrer ist. Weihnachten haben wir nicht die Geburt Gottes als Supermensch gefeiert, der keine Angst hat vor dem Tode. Sondern Gott ist Mensch geworden wie wir und nimmt Anteil an unseren Sorgen und Nöten.

Kontexte

Warum sage ich immer noch / nach so langen Nächten: / Es wird wieder hell!
So viele haben ihre Fahne / auf Halbmast gesetzt.
Warum hoffe ich immer noch, / wo viele zerbrechen?
Warum liebe ich immer noch, / wo viele hassen?
Warum verstehe ich immer noch, / wo viele richten?
Warum vergebe ich immer noch, / wo viele sich rächen?
Warum bete ich immer noch, / wo viele lästern?
Warum sage ich immer noch / nach so vielen Todeserklärungen: / Er lebt!
(Josef Dirnbeck, Martin Gutl: Ich begann zu beten, Graz Wien Köln 1974, S. 14)

Wir verkaufen nur Samen

Ein junger Mann betrat im Traum einen Laden. Hinter der Theke stand ein Engel. Hastig fragte er ihn: »Was verkaufen Sie, mein Herr?« Der Engel antwortete freundlich: »Alles, was sie wollen«. Der junge Mann begann aufzuzählen: »Dann hätte ich gern das Ende aller Kriege in der Welt; bessere Bedingungen für die Randgruppen der Gesellschaft, Beseitigung der Elendsviertel in Lateinamerika, Arbeit für die Arbeitslosen, mehr Gemeinschaft und Liebe in der Kirche und ... und ...« Da fiel ihm der Engel ins Wort: »Entschuldigen Sie, junger Mann, Sie haben mich falsch verstanden. Wir verkaufen keine Früchte, wir verkaufen nur den Samen.«
(Willi Hoffsümmer, 255 Kurzgeschichten, Mainz 1983, Nr. 199)

meditation um dich

1 ich sehe dich in den slums von harlem / zur welt kommen
2 ich finde dich darum nicht / wo man dich gewöhnlich sucht
3 ich sehe dich / mit deiner eigenartigen sammlung / von freunden
4 die / die sich sicheren schrittes neben dir glauben / sehe ich meilenweit von dir entfernt
5 ich sehe dich / einen betrunkenen so nach hause geleiten / daß sich dieser sogar / in seinem trunke wundert
7 ich sehe dich in unseren kirchen / mit tränen
12 ich spüre / wie du eine wunderbare wärme bist / für alle die noch suchen / weil sie wissen / daß du immer mehr hast für bettler am geist

(Ulrich Schaffer, Trotz meiner Schuld, Wuppertal 1971, S. 56 f.)

Altjahrsabend

Predigttext: Lukas 12,35–40
Wolfgang Teichert

Theologisch-homiletische Skizze

Es ist häufig in der Predigtliteratur vorgeschlagen worden, nur den ersten Teil des Textes (bis Vers 38) zu predigen. Man meinte, daß Gleichnis vom Einbrecher bringe keine wesentlich neuen Gesichtsspunkte. Dieser Hinweis stimmt nur insoweit, als tatsächlich ein wichtiger Skopus bereits in den Versen 35–38 vorkommt: Der nach Haus kehrende Herr ruft seine eigenen Sklaven zu Tisch, um sie zu bedienen, eine »völlige Umkehr gesellschaftlicher Normalität« (Fr. W. Marquardt). Aber der Evangelist hat mit Absicht beide, ursprünglich selbständigen, Gleichnisse eng miteinander verknüpft: Die wartenden Knechte und den Einbrecher. Für mich gehören Hochzeitsfestatmosphäre (es steht das griechische ›gamoi‹ dort) mit ihrer »Ausstrahlung« (immerhin war das Neujahrsfest das altorientalische Hochzeitsfest des Sonnengottes) und ihr diebischer Einbruch in schläfrig gewordene Gruppen (warum nicht auch in die Evangelische Kirche in Deutschland?) zusammen. Wenn die zentrale Aussage dieses Textes ist, wie Eduard Schweizer in der begleitenden Exegese meint, »daß Gottes Kommen auf keinen Fall verpaßt werden darf«, dann betonen die beiden Bilder, je für sich, einmal die tolle Möglichkeit (man kann auch traditionell ›Verheißung‹ sagen) der nächtlichen (!) Heimkehr, während der zweite Teil mehr den katastophenhaften Aspekt dieser Heimkehr herauskehrt. In der Tat wird das Problem des Zeitpunktes (Parusie) vor dieser Fragestellung nebensächlich. Für mich selbst ist die *Qualität* der Ankunft – also der Aspekt, wie denn der göttliche ›Einbruch‹ erlebt wird – strahlend oder diebisch-furchtbar, interessanter. Eventuell sind beide Erlebnismöglichkeiten sogar ineinander verwoben, wie die beiden Gleichnisse. Dann hätte die lukanische »Klarheit des Herrn« bei ihren Empfängern einen leuchtenden, wachsam und lebend machenden Effekt und einen katastrophalen, erschreckenden Teil. Und wenn es wahr ist, daß sich diese Rede »vornehmlich an die besonders beauftragten Jünger, an die für die Gemeinde Verantwortlichen« wendet (Gerhard Schneider im Ökumenischen Taschenbuchkommentar zum NT 3/2), dann ist der zweite Teil des Textes vielleicht der wichtigere: Vielleicht haben »die Verantwortlichen« das Erschrecken über das Auftauchen des nächtlichen, aus dem Unbewußten kommenden Einbrechers verlernt? Vielleicht fürchten sie die »Klarheit« so sehr, daß sie sie gar nicht wahrnehmen möchten?

Diese mit »vielleicht« eingeleiteten Fragen, die ich an mich selber und meine Freunde stelle, bilden die homiletische Leitlinie für die Predigt zur Jahreswende. Ich möchte mich jedoch mit einem möglichen Einwand auseinandersetzen. Seit Jülichers Entdeckung, Gleichnisse enthielten nur *eine* zentrale Aussage (tertium comparationis), ist zwar der hemmungslosen Allegorisierungswut gewehrt, aber zugleich ist die Exegese der Gleichnisse in Gefahr geraten, die eine zentrale Aussage zu einer reinen Illustration von primär und vorher festgelegten theologischen Bedeutungen zu machen: Eine neue Art von Reduktionismus. Dagegen meint der amerikanische Theologe Walter Wink, daß Gleichnisse erweiterte Metaphern in narrativer Form sind und unseren Geist dazu bringen, »seine vertrauten Bahnen zu verlassen« und eine stärker intuitive Haltung einzunehmen, um zu Unbekanntem vorstoßen zu können.

In meiner homiletischen Leitlinie, die mehr die Qualität der Ankunft betont als etwa die Bereitschaft zu wachen oder die Spekulation über den Zeitpunkt, fühle ich mich durch zwei unbekannte Jesusworte bestätigt, die von Joachim Jeremias vorgebracht werden. Das eine ist ein Agraphon, das im syrischen Liber Graduum überliefert worden ist: »Wie ihr gefunden werdet, so werdet ihr hinweggeführt«. Und das andere, entsprechende steht in Justins (gestorben um 165) Dialog mit dem Juden Trypho: »Darum hat unser Herr Jesus Christus gesagt: Worin ich euch antreffe, darin werde ich euch auch richten.« Jeremias ordnet diese beiden Worte dem lukanischen Text (Luk 17) und dem Predigttext von heute zu. (Unbekannte Jesusworte, Seite 83). Wenn es richtig ist, daß die Wiederkunft dionysische Elemente enthält (schließlich kehrt der »Herr« von einem Hochzeitsfest zurück und will mit seinen Sklaven in veränderter sozialer Ordnung weiterfeiern), dann beschreibt der zweite Teil des Predigttextes, daß die Rückkehr von einigen auch als Katastrophe, als Einbruch erlebt werden kann. Solche Einbrüche wahr- und anzunehmen und sie mit den dionysischen Elementen zu verbinden, könnte Zeichen jesuanischer Nachfolge sein.

Vorschläge zur Liturgie

Psalmlesung (nach Psalm 147)

Die Tauben werden hören. Die Blinden werden sehen. Es wird sich wandeln ihr Gehör und Gesicht. So wird es sein: Wir werden hören, was wir überhört haben. Und sehen, was wir übersehen haben. Es wird sein wie ein Traum: Wir haben Augen und Ohren füreinander, für mich und dich, auch für Dich. Wir werden den Zeitpunkt merken und beieinander zu Tisch sitzen und werden einander wiedererkennen und wiederhören. Wir bekommen eine neue Anschauung der Welt, wir merken auf die neue Anhörung der Welt, denn die Tauben werden hören, und die Blinden werden sehen.

Gebet

Aus der Unruhe des vergangenen Jahres kommen wir zu Dir. / Sammle unsere Gedanken und Sinne. / Gedenke unserer, / Herr, / in diesem vergehenden Jahr, / wir bitten dich, / gedenke / unseres Lachens / und unsers Weinens, / unserer Verzagtheit / und unseres Trostes, / unserer Ängste / und unserer Hoffnungen, / unserer Worte / und unserer Hände Arbeit /

gedenke der Menschen, die uns Freund waren / und derer, mit denen wir nicht zurecht gekommen sind. / Laß uns auf den Zeitpunkt achten, jetzt und in den kommenden Tagen / daß wir sehen und hören, was Leben ist / was Du bist / in unseren Gedanken / bei unserer Suche nach Klarheit / in unserem Entsetzen / über uns und über andere / über Katastrophen und über das, was Menschen einander antun können. / Gib uns in dieser Stunde und in den kommenden Tagen etwas von Deiner nachsichtigen Weisheit / von Deiner Geduld / und laß uns im Wandel der Zeit / reifer werden / damit unser Leben aufmerksam sei und ein Fest. (veränderter Text nach Klaus Bannach: Gebete der Stille, Radius Verlag 1979, Seite 14)

Fürbitten

Lasset uns im Frieden den Herrn anrufen:
um seinen Frieden, der da ist und der da kommt, daß wir uns nicht fürchten vor ihm, der keine Friedhofsruhe ist. Daß wir Frieden finden für unser Leben und Frieden schaffen unter den Menschen.
Um seine Zuneigung, daß wir uns einander zuneigen.
Um seine Liebe, die stärker ist als all unsere Sympathie, daß wir sie sehen, hören, schmecken und riechen werden im kommenden Jahr.
Wir bitten für alle Menschen, die unter der Liebe leiden, für jene Paare, deren Glück jetzt beginnt, daß sie nicht zuviel voneinander erwarten. Wir bitten für die, die in Schwierigkeiten sind und meinen, den guten Augenblick nicht finden zu können. Daß sie in Irrweg und Abweg Deinen Weg sehen, einen Ausweg.
Wir bitten für die, die sich getrennt haben, daß der Schmerz sie reif mache und sie lebendig erhalte.
Wir bitten in dieser Stunde für die Kinder, daß sie Respekt und Geduld finden bei Eltern, Lehrern und Großeltern. Lasset uns den Herrn anrufen: Herr, erbarme dich.
Wir bitten für die Menschen in der Welt, daß sie einander nicht hassen müssen.
Wir bitten für verfeindete und getrennte Völker, Klassen und Rassen, daß sie erkennen, wie sehr sie einander brauchen.
Wir bitten für die Natur, daß sie unsere Zerstörung überleben kann und daß wir im Angesicht ihres Leidens uns zu wandeln vermögen. Wir bitten für uns alle, daß wir die einbrechende Liebe finden und ihr Raum geben. Lasset uns zum Herrn rufen: Herr, erbarme dich.
Nimm dich unser gnädig an, rette und erhalte uns. Denn Dir allein gebührt die Aufmerksamkeit, das Leben und die Anbetung, dem Vater und dem Sohn und dem Heiligen Geist, jetzt und immerdar von Ewigkeit zu Ewigkeit. Amen.

Vorschläge für die Predigt

Möglicher Anfang

Es kann geschehen, so hat der spanische Mystiker Johannes vom Kreuz gemeint, es kann geschehen, daß man die Wärme des Feuers fühlt, ohne das Licht zu sehen, und daß man das Licht sieht, ohne die Wärme zu spüren. Es kann geschehen. In der Tat. Und es geschieht. Daß ich Leuten begegne, bei denen ich sozusagen den Widerschein der Wärme spüre, bei denen ich mich aufgehoben fühle und wo ich gern sein mag. Irgendetwas ist in ihnen angekommen, was sie ausstrahlen. Würde ich sie dann fragen: Sie würden mich wahrscheinlich verständnislos ansehen. Es ist, was es ist, würden sie mit Erich Fried sagen. Der freilich redet von der Liebe, für die »es ist, was es ist.«

Aber es gibt eben auch die anderen, Theologen gehören manchmal dazu, die das Licht gesehen haben, aber die Wärme nicht zu spüren vermochten. Was könnte damit gemeint sein? Man kann davon ausgehen, daß diese Sätze von der Wärme und vom Licht Bilder sind: Bilder für bestimmte menschliche Erfahrungen, in denen sich Menschen durch alle Zeiten hindurch wiedererkennen können. Genauso wie die beiden Bilder im Gleichnis. Da kommt einer zurück mit der ganzen Fülle eines erlebten, gefeierten Hochzeitsfestes. Erotik und Dionysisches, Essen und Lachen, Lieben und Weinen liegen dicht beieinander. Man hat für eine Weile die Grenzen und äußersten Winkel menschlichen Lebens gesteigert erfahren. »Es ist für uns wichtig,« meint Ernst Jünger, »daß wir zuweilen hart an die Grenzen des Humanen herangeführt werden, wie es ursprünglich der Sinn des Festes gewesen ist. Dessen Geschichte läßt sich in zwei große Erwartungen einteilen: in den Wunsch, mit dem Tier identisch zu werden, und in die Hoffnung, daß Götter eintreten«. Göttliches und Tierisches, Sehnsucht und Wunsch gehören zum gelungenen Fest. Und ein gelungenes Fest macht den Alltag, der nicht gelingen will, erträglicher. Man beginnt, den Alltag zu verwandeln: So sehr hat man sich vom Fest verwandeln lassen.

Deswegen will der Rückkehrer, daß sich der Alltag verwandelt, daß das Ungewöhnliche in das Gewöhnliche einbricht und daß sich die eingeschliffenen Verteilungen von Rollen und Menschen sinnbildlich, sinnlich und real verändern. Es ist immer noch unerhört, sich vorzustellen, was sich der Lukasevangelist gedacht hat: Da kommt ein Herr nach Haus, deckt den Tisch, schürzt den Rock, sorgt für Licht und beginnt seine Angestellten rundum zu bedienen: In der Tat, eine Umkehr gesellschaftlicher Normalität. Das Fest, das vorher gefeiert wurde, beginnt zu wirken. Man spürt, um mit Johannes vom Kreuz zu sprechen, die Wärme, ohne doch das Licht zu sehen. Der Lichtträger nämlich bringt die Wärme mit: Einmal gefeierte und erlebte Zeit strahlt in die Zeit, die ihr folgt. Es geschieht sozusagen eine Wendung aus dem sinnlichen Genuß in die menschliche Hingabe, ein Prozeß, der offenbar zusammengehört: Genuß und Hingabe. Sie lassen sich nicht mehr aufspalten in zwei Gegensatzpaare. Und vielleicht erleben wir deshalb so wenig Hingabe, weil wir uns den Genuß, jene gesteigerte risikoreiche Lebensart, nicht mehr leisten mögen? Ich meine mit Genuß übrigens nicht die langweilige Verdoppelung von Konsum und immer exotischere Gaumengenüsse! Sondern ich meine, daß man sich jenem unübersichtlichen und überraschenden Lebensgefühl (sei es tierisch oder göttlich) gegenüber sieht, welches das weitere Leben nicht ständig durch den Neid und die Verbitterung wegen ungelebten Lebens vergiftet.

Skizze des weiteren Verlaufs der Predigt
Nach diesem Eingangsteil, der am Jahresende eine Rückkehr von der Hochzeit zum Anlaß nimmt, der Einschüchterung durch das Katastrophale in Umwelt, Politik, Beziehung und Einzelseele (Stichwort: dunkle Nacht) zu widerstehen, würde ich mir im Mittelteil Gedanken über jene machen, die den Einbruch der Liebe als Katastrophe erleben. Das kann auf der Objektebene geschehen: Ich mache mir dann Gedanken über andere. Es kann aber ebenso (im Fortgang) auch auf der Subjektebene geschehen: Was in mir selbst hat Angst vor dem Einbruch der Liebe in mich und in diese Welt? Ich würde also Liebesgeschichten erzählen, Geschichten, in denen die Erinnerung aufklingt, daß es mehr Leben in uns gibt, als dieses Leben lebt.
Ich stelle mir dabei vor, daß mir Leute zuhören, die mit einem gewissen Gefühl von Jahresende, von Bilanz, von leichter Traurigkeit und Melancholie belegt sind. Ihnen möchte ich im Mittelteil sagen, daß man zur »Wärme« kommen kann und nicht der Erinnerung daran beraubt zu werden braucht; daß in ihnen also viel tiefere Quellen der Lebendigkeit, der Kraft, der Lust und des Rätsels verborgen liegen, als der Augenschein erkennen läßt. Das soll freilich kein Plädoyer für moderne Formen des Vitalismus werden, wie sie sich in Katalogen der Tourismusindustrie anbieten. Es heißt vielmehr in Abwandlung eines mittelalterlichen Chorals: Media morte in vita sumus, mitten in lauter Tod gibt es in uns doch etwas, das Leben enthält, als unser lebloses Leben lebt.
Das Gleichnis gibt eine Mahnung, darauf zu achten. Aber es bedeutet zugleich auch ein Versprechen, die »Wärme« spüren zu können und nicht Sicherheitsmensch, Sorgenmensch, Verteidigungsmensch, Planungsmensch zu bleiben. Wenn auch die Jahresbilanz in der Summe viel Versäumnis und wenig Erfüllung, viel dumpfen Traum und wenig Gegenwart erbringen sollte, heißt Leben 1985 noch-nicht-tot-sein. Dies zu erkennen führt über eine große Erinnerungsarbeit, jedoch nicht über eine, die uns

nur eigene Geschichten aufrührt, sondern im Innersten zu einer Kraft bringt, die als ekstatische Flut, als Dieb, als Einbruch oder als überschwengliches Jetzt erfahren wird.

Schluß

Ich würde die Predigt mit einem leicht vereinfachten Zitat des Münchner Philosophen Peter Sloterdijk enden lassen.

›Wer die Wärme des Lichtes spürt wie einen Einbruch, der erlebt seine besten Augenblicke. Und wenn vor lauter Gelingen auch das energischste Tun in Lassen aufgeht und die Rhythmik des Lebens uns spontan trägt, dann stellt sich auch der Mut wieder ein, wie eine euphorische Klarheit und ein wunderbar in sich gelassener Ernst. Schlechte Erfahrungen weichen zurück vor neuen Gelegenheiten. Keine Geschichte macht dich alt. Die Lieblosigkeit von gestern zwingt zu nichts. Im Licht solcher Geistesgegenwart ist der Bann der Wiederholung gebrochen. Jede Sekunde tilgt das hoffnungslos Gewesene und wird zum ersten einer anderen Geschichte. Übergang zu Neujahr.‹

Neujahr

Predigttext: Lukas 4,16–21
Reiner Strunk

Theologische Skizze

Die Beziehung zwischen der Predigtperikope und dem Kasus Neujahr ist zunächst eine Stichwortverbindung: das »Gnadenjahr des Herrn«. Es liegt nahe, hier auch einen Schlüssel für die Predigt zu suchen. Erschwerend für eine unmittelbare Anwendung (»1985 – ein Gnadenjahr des Herrn«) ist aber schon der Umstand, daß wir's an dieser Stelle mit biblicher Tradition in drei Schichten zu tun haben. Die oberste Schicht ist die Erzählung des Lukas: was sich am Sabbat in der Synagoge zu Nazareth ereignete. Darunter liegt, was Jesus im Gottesdienst als Lesung vorträgt: die Stelle aus Jesaja 61,1 f. Und darunter liegt noch einmal, was in Jesaja 61 zitiert wird: die Anordnung des »Gnadenjahres«, wie Luther übersetzt, aus Lev. 25,10: alle 50 Jahre soll ein Erlaßjahr gefeiert werden, das allgemeine Freilassung für Menschen und Land bewirkt und die Verteilung der Lebensmittel neu ordnet.
Die näheren Auskünfte im Jesaja-Zitat, die Armen, Gefangenen, Blinden, Zerschlagenen betreffend, fügen sich inhaltlich den Zielsetzungen des »Gnadenjahrs« ein.
Der Anfang Jesu in Nazareth ist der Anfang seiner messianischen Sendung. Der Text hat deshalb sowohl in der Apostolatstheologie (Hoekendijk) als auch, von daher beeinflußt, in der neueren ökumenischen Missionstheologie und in der politischen Theologie eine wesentliche Rolle gespielt. Die Missio Dei ist umfassender als eine Evangelisierung der Heiden. Sie bezieht sich auf Seele und Leib. Sie betrifft alles, woran Leben auf der Erde erkrankt ist und leidet, bewirkt also Heilung in spiritueller wie in politischer Beziehung.
Jesu öffentlicher Anfang in Nazareth erscheint ebenso messianisch eindeutig, wie er in praktischer Hinsicht gebrochen erscheint: da fängt etwas Großartiges an, aber es bricht auch gleich wieder ab. Mit knapper Not entrinnt Jesus der Lynchjustiz einer aufgebrachten Menge (Vers 29 f.). Es ist symptomatisch für die Art und Weise, wie sich die messianische Bewegung Jesu, Gottes »Gnadenjahr«, in der Welt durchsetzt: nicht in triumphalen Erfolgen und mit großer Macht und Überzeugungskraft, sondern in »Anfängen«, die ebenso vielversprechend wie bedroht sind. Wahrscheinlich ist es unser Problem, was wir mit den »Anfängen« von Heilung, die Gott macht und immer wieder macht, unsererseits tun.
Die Konkretionen aus der Jesaja-Verheißung machen mir, bei der Vorbereitung Ende 1983, Kummer. Weiß ich, welche Situationen an der Jahreswende 1984/85 aktuell sind? Soll ich getrost pessimistisch sein und damit rechnen, daß dann in Südafrika immer noch Menschen hinter Gittern sitzen, weil sie schwarz und frei zugleich sein wollen; oder daß die Nach-Nachrüstung programmiert oder schon

beschlossen oder schon ins Werk gesetzt ist? Ich merke also auf diese Weise den Widerspruch bei mir selber: zwischen dem Realismus der messianischen Verkündigung Jesu, die sagt: Heilung ist möglich. Und sie hat bereits angefangen. – Und dem anderen Realismus bitterer Erfahrungen, die sagen: Es wird sich nicht viel ändern. Hier ein bißchen Verhandlung, da ein bißchen Liberalisierung, im Grunde aber Kosmetik, nicht Heilung. Wie der Abbau von Selbstschußanlagen an der DDR-Grenze: ein Aufhorchen, ein kleiner Propagandaerfolg, aber am Tatbestand dieser unmenschlichen Grenze hat sich nichts geändert.
Ich denke, das ist die Spannung, die der Text erzeugt. Sie müßte auch in der Predigt wirksam werden, ohne sich nach der resignativen Seite hin aufzulösen. Als Pointe aus der messianischen Geschichte in Lk 4 möchte ich deshalb festhalten: Der Anfang ist gemacht! Nicht: es war leider nur ein Anfang!

Liturgische Vorschläge

Als *Lied* oder als *Gebet* eignen sich Bonhoeffers Verse »Von guten Mächten«, die er Silvester 1944 – also vor genau 40 Jahren! – geschrieben hat.

Gebet zum Eingang

Nun haben wir wieder die Schwelle überschritten zu einem neuen Jahr. Vieles wird anfangen, seinen gewohnten Gang zu nehmen, und es wird uns nicht in jedem Falle recht sein. Die Zeit geht rasch vorüber, vor allem die schöne und erfüllte Zeit, die unser Leben festlich macht. Und neue Zeit liegt vor uns, ein ganzes Jahr, von dem wir noch nicht wissen, was es uns bringen wird.
Herr, alle Zeit liegt in deinen Händen.
Gib sie uns darum so, daß sie uns bereichert.
Gib uns Zeit, daß wir zu uns selbst finden.
Gib uns Zeit, daß wir zueinander finden.
Gib uns Zeit, dich zu loben, damit unser Leben durch die Freude an dir reich werde.
Gib uns Zeit wahrzunehmen, was um uns her vor sich geht; damit wir nicht blind sind, sondern sehen, was du uns zu verschenken hast und was du von uns haben möchtest. Amen.

Gebet zum Schluß

Lieber Vater!
Vieles hält uns in Atem, vieles verwirrt nur, wir suchen nach Trost in der Verlassenheit und nach Hoffnung, wo wir niedergeschlagen sind. Und wir kommen dabei zu dir; wie Kinder kommen wir zu dir und erbitten Rat und Geborgenheit.
Und wir bitten nicht allein für uns selber. Wir bitten auch für die Verant-

wortlichen in der Gesellschaft und Politik, daß sie keine kurzschlüssigen, sondern weise Entscheidungen treffen.
Wir bitten für die, die in Gefahr geraten sind, aus eigener oder fremder Schuld, daß sie bewahrt werden und daß es ein gutes Ende mit ihnen nimmt.
Wir bitten für die Gewalttätigen, daß sie zur Besinnung kommen und endlich merken, wo sie Grenzen der Menschlichkeit überschreiten.
Wir bitten für die, die in Angst und Sorge leben, daß ihnen nicht alle Hoffnung genommen wird; und für die, die betrübt und verzweifelt sind, daß sie neue Hoffnung finden.
Bei alledem bitten wir um deinen Heiligen Geist, daß er zu uns komme und den Ungeist von Feindschaft und Lieblosigkeit vertreibe.
Wir wollen unser Vertrauen auf dich setzen, Herr; laß uns nicht zuschanden werden. Amen.

Vorschlag für die Predigt
Möglicher Anfang
Ein Gnadenjahr des Herrn!
Vielleicht denken Sie: es muß nicht unbedingt dies sein. Nicht so viel, und nichts so Großartiges. Wenn das neue Jahr schon erträglich wird, wollen wir zufrieden sein. Wenn wir vom Schlimmsten verschont bleiben, auch dieses Jahr noch einmal: vor Krieg und kriegsähnlichen Katastrophen und auch schon vor Menschen, die bereit und in der Lage sind, mit dem Feuer zu spielen. Verschonung, das ist schon etwas, und das brauchen wir. Verschonung von Lasten, die schwerer wären, als daß wir sie tragen könnten. Verschonung von Leiden. Viele denken: Kranksein, sterben – wenn es denn sein muß und Gott es so beschlossen hat; aber leiden müssen, sich quälen und anderen damit zur Last fallen müssen, das bitte nicht! Verschonung: das wäre deshalb schon etwas wie Gnade im neuen Jahr.
Aber das Gnadenjahr des Herrn, das Jesus angesagt hat, damals in Nazareth, das meint ja noch mehr, weit mehr als Verschonung. Nämlich Heilung. Gesundung. Ein Heilwerden rundum, am Menschen und im Menschen und in der ganzen Schöpfung. Wo ich bloß darauf hoffe, verschont zu bleiben, da denke und verhalte ich mich ja in einer zweifachen Hinsicht beschränkt. Ich habe vorwiegend mich selber im Auge, mein Wohl, sicher auch das Wohl meiner Angehörigen und Freunde, aber was da sonst noch lebt und am Leben leidet, das ist nicht ebenso mit im Blickfeld. Und dann: der Wunsch, verschont zu bleiben, ist weniger ein Ausdruck von Hoffnung als ein Ausdruck von Skepsis. Wenn es nur nicht noch schlimmer kommt! Wir wollen ja gar nicht damit rechnen, daß die Welt freundlicher

und die Menschen menschlicher werden könnten, aber wenigsten nicht noch unmenschlicher sollte es zugehen. Den Krieg wird man nicht abschaffen, aber begrenzt halten sollte man ihn können, jenseits der Grenzen Europas und ohne den Einsatz von Atomwaffen. Gefangene und Folter wird es immer geben, aber überhand nehmen sollte das nicht und in jedem Fall in unserer Republik ausgeschlossen sein.
Der Wunsch nach Verschonung also ist eines. Der Anfang von Heilung ein anderes. Jesus hat diesen Anfang gemacht in Nazareth, und – das ist zunächst verblüffend – er hat sich nicht gleich Freunde gemacht damit. Die Menge hat sich gewaltig aufgeregt bei seinem Auftritt im Gottesdienst, dann hat sie ihn vor die Stadt geschleppt und an den Rand eines Abgrunds getrieben, um ihn hinabzustoßen. Der vielversprechende Anfang hätte so ein rasches und gewaltsames Ende genommen. Aber Jesus konnte noch einmal aus ihrer Mitte entweichen.

Zum weiteren Verlauf

Man muß sich vorstellen, daß zu der Menge durchaus Arme gehörten; auch Blinde, ehemalige Gefangene.
Menschen also, die von »Heilung« träumen. Aber die deren »Anfang« nicht glauben können. Im Grunde erwarten sie: alles oder nichts. So wie das mit Jesus anfängt, einem von ihnen, einem einzelnen Menschen ohne Rang und Namen: das kann doch nichts werden. Das ist dreist und ist Spiegelfechterei und Volksverdummung.
Und Jesus argumentiert obendrein mit den prophetischen Heilern Elia und Elisa, die auch nur in Einzelfällen geholfen haben (Vers 25 ff.).
Die Leute in Nazareth finden das so empörend, weil es so enttäuschend auf sie wirkt: warum bloß die Witwe in Sidon und bloß Naëman? Warum, bei Gott, denn nicht alle? Warum nicht Brot für alle Hungernden und offene Tore für alle, die man ins Loch gesteckt hat, damit sie nichts mehr anrichten? Warum bleibt es denn bei der Abschiebung unbequemer Leute in psychiatrische Kliniken der Sowjetunion und warum bleibt es bei den Opfern irrsinniger Erschießungskommandos in Mittelamerika oder im Nahen Osten?
Jesus würde antworten: Es bleibt so, weil ihr den Anfang verachtet. So wie die Menschen in Nazareth den Anfang mißachtet haben, der dort geschah. Denn dieser Anfang ist gemacht. Er ist von Gott gemacht. Der Anfang für ein Leben, das ganz sein soll und gesund und heil.
Gott hat den Anfang gemacht, und er will unsere Beteiligung. Wir sind nicht bloß Zuschauer, wenn es darum geht zu heilen, was krank ist.

Möglicher Schluß

Die Wahrheit unserer Kirche hängt nicht nur daran, was sie glaubt und bekennt. Sie hängt auch daran, ob in ihrem Leben Heilungskräfte erkennbar werden oder nicht. Und Heilung geschieht überall da, wo Leben in Ordnung kommt. Wenn Menschen aufeinander schießen oder sich gegenseitig mit Schießen oder mit Schlimmerem drohen, dann ist das Leben nicht in Ordnung. Es ist dann vielmehr krank und verstümmelt. Ein dringender Fall für eine Heilung. Und der Anfang dafür, auch für solche Heilungsprozesse, ist gemacht. Davon dürfen wir ausgehen. Ob wir Hungerlager in Afrika vor Augen haben oder Slums von Sao Paulo; ob wir die Kälte im Blick eines südamerikanischen Generals sehen oder den Schmerz im Blick einer trauernden Frau von nebenan – davon dürfen wir jeweils ausgehen: der Anfang zur Heilung ist gemacht. Denn diesen Anfang hat Gott gemacht. Aber nun sollen auch wir diesen Anfang nicht verachten oder zunichte machen; sondern wir sollen ihn erkennen und begrüßen und fördern. So will Gott uns beteiligen, und es entspricht seinem Grundsatz, daß er nur Freiwillige nimmt. Es gibt immer nur Freiwillige für diese Heilung, nach der eine ganze Welt sich sehnt.

Kontexte

»Christen können die Gefahren unserer Zeit weder als naturgegeben hinnehmen, noch dürfen sie sich der Verzweiflung hingeben. Als Gläubige, die sich zu einem Herrn und Heiland bekennen, zu Jesus Christus, dem Friedefürst, ist uns die Haushalterschaft über die Hoffnung Gottes für die Zukunft der Schöpfung anvertraut. Wir kennen Gottes Liebe und bekennen einen Herrn der Zeit, in dem uns das Leben in seiner ganzen Fülle verheißen ist. Die Gnade Gottes ist ewig, und der Heilige Geist wirkt unter uns, um die Liebe zu erwecken, die die Furcht vertreibt und unsere Vision vom Frieden erneuert, unsere Phantasie belebt und uns durch die Wildnis führt – eine Liebe, die uns befreit und eint. Immer mehr Völker der Welt erheben sich und fordern Gerechtigkeit und Frieden. Das sind Zeichen der Hoffnung in unserer Zeit« (Erklärung zu Frieden und Gerechtigkeit, Nr. 23, Vancouver 1983).

Was würden Sie tun, wenn Sie das
neue Jahr regieren könnten?
Ich würde vor Aufregung wahrscheinlich
Die ersten Nächte schlaflos verbringen
Und darauf tagelang ängstlich und kleinlich
Ganz dumme, selbstsüchtige Pläne schwingen.

Dann – hoffentlich – aber laut lachen
Und endlich den lieben Gott abends leise
Bitten, doch wieder nach seiner Weise
Das neue Jahr göttlich selber zu machen.
(Joachim Ringelnatz)

»Pedro Rafael: Als Kontrast müssen wir auch den negativen Aspekt sehen. Den Reichen soll er keinerlei Botschaft bringen, sondern den Armen. Er kommt nicht, um denen zu helfen, die glücklich sind, sondern denen, die Probleme haben. Er kommt nicht, um sich mit denen zu verbünden, die die Menschen ins Gefängnis werfen, sondern um die Gefangenen zu befreien. Und er kommt nicht, um den Menschen die Augen zu verbinden, sondern um sie sehend zu machen. Er kommt auch nicht, um zu unterdrücken, sondern um mit aller Unterdrückung aufzuräumen und die totale Befreiung zu verkünden. Sie sollen diese Worte nicht falsch interpretieren, wie es so oft geschieht. Und es ist in der Kirche, wo er das sagt!«
(Ernesto Cardenal: Das Evangelium der Bauern von Solentiname, Bd. 1, 1976, S. 83; zu Lk 4,16 f.).

Epiphanias

Predigttext: Matthäus 2,1–12
Martin Zekl

Theologisch-homiletische Skizze

Vielseitig und vielschichtig wie ein Berg ist die Erzählung, gewachsen in einer langen Geschichte, »eine Geschichte, der man es ansieht, daß viele durch sie hindurch und über sie hinweg gelaufen sind« (L. Steiger, Erzählter Glaube, S. 14). Und einen großen Schatten wirft sie – wie ein Berg – einen Schatten, der aus zahllosen Bildern besteht, die sich beim Hören einstellen; kaum daß man aus diesem Schatten heraustreten kann. Bekannt wie manch berühmtes Bergmassiv teilt sie auch deren Schicksal: jeder kennt sie – aus der Ferne; hinaufsteigen auf die »Höhe« des Textes, das tun die wenigsten. Von Kind auf kennen die meisten diese Erzählung als Teil »der« Weihnachtsgeschichte. In den Krippen integriert bis zur Unkenntlichkeit sind die Weisen vereinnahmt. Als schmückendes Beiwerk in Gestalt der Hl. Drei Könige haben sie ihr Eigenleben, ihre Eigenbedeutung verloren, die weisen Fremden oder die fremden Weisen; und ebenso der Stern, das Zeichen des Himmels. Am Hl. Abend spielen sie keine Rolle, sie sind einfach da. Und Anbetung – wie fremd ist das in der Wirklichkeit. Das ist ohnehin nur als Tätigkeitswort lebendig erlebbar, das Hauptwort ist erstarrt und tot.

Zum Text

Fast unvorstellbar für uns, aber wirkungsvoll, wenn es gelingt: denken, daß es nur diese eine Erzählung von der Geburt Jesu gibt: Fremde und Ausländer suchen das Kind auf, beten dort; ein Zeichen des Himmels, ein Stern ist da – offenbar nur für diese Suchenden sichtbar; sie teilen ihr Suchen anderen mit, befragen sie, aber die zeigen kein Interesse, und ein wirklicher König fühlt sich bedroht; und dann ziehen die Fremden wieder fort, für immer – für immer?

Keine Engel, keine Hirten, keine Krippe, kein himmlischer Lobgesang – geht das überhaupt? Ich denke: Ja, es geht auch ohne Lukas. »Mt. macht in Gestalt eines legendarischen Berichts eine theologische Aussage von grundlegender Bedeutung. Er beschreibt eine ›Sternstunde der Menschheit‹.« (F. Wintzer zSt in CPH XI, 1972, S. 69) Der Anfang der Herrschaft Gottes über die ganze Erde wird proklamiert (ähnlich wie bei Himmelfahrt), die Erfüllung der alten Verheißung (Jes. 2,2; 60,1 ff.; Num. 24,1; Ps. 68,30; 72,10).

Ich möchte das ernst nehmen. Ich möchte diese Erzählung als selbstständige Geschichte mit ihrer Aussage begreifen, mich ergreifen lassen und dann weitersagen, was mich ergriffen hat. Diese Erzählung be»sagt« genug, mehr als in einem Gottesdienst zu sagen ist, soviel, daß in mehr als einem Gottesdienst davon »zu singen und sagen« ist. Es geht um die internationale, inter-kulturelle Bedeutung der Bot-

schaft Jesu von der Herrschaft Gottes auf unserer Erde. Der Holzschnitt von Azariah Mbatha (in: Sundermeier, Afrikanische Passion S. 43) macht anschaulich, wie diese Erzählung als lebendiges Deutungsmuster afrikanischer Gegenwart bedeutend ist. Von Herrschaft reden – das hat öffentlich-politische Dimension, das meint Gegenwart, da gibt es Beugsame und Unbeugsame.
Zur Aktualisierung gehört auch, daß die Ablehnung der Juden in Gestalt der Schriftgelehrten nicht uninterpretiert bleibt. Eine Verurteilung der Juden wird mindestens alle die ebenso zu nennen haben, die als Christen ebenso handeln: die den Weg wissen, ohne ihn zu gehen. Entscheidend ist: Allen, allen Suchenden erschließt sich Gott, in aller Einfachheit, aber eindeutig, so daß alles Fragen in Anbetung verstummt.

Der Kasus
Weihnachten ist vorbei, durch den Jahreswechsel schon überlagert, und doch wird es hier wieder(ge)holt. Aber das Interesse der Vielen ist erloschen, sie sind gar nicht da: die Gottesdienste sind zu dieser Zeit schlecht besucht. Und Epiphanias hat keine Eigenbedeutung in den evangelischen Gemeinden. Die anfängliche Fülle des Festes in der ersten Christenheit – Geburt Jesu (so noch in der armenischen Kirche), Taufe Jesu, die Hochzeit zu Kana, die Ankunft der Weisen (vgl. A. Holl, Ges. Aufs. II, 123 ff.) – sie ist geschwunden. Geblieben ist die biblische Geschichte, hinzugewachsen ist eine reiche legendarische Tradition – untrennbar (?) – verbunden mit der lukan. Geburtserzählung. Mancherorts ziehen noch – oder wieder – die Sternsinger von Haus zu Haus und »predigen« damit eher gegen den Text. Schön wäre es, wenn man solche Sternsinger in einem Gottesdienst haben könnte. Oder so: Man bereitet – auch wenn das wegen der vorausgehenden Streß-Zeit schwierig ist – einen *FAMILIENGOTTESDIENST* vor. Vorschlag s.u.

Zur Liturgie

Lesung

Mt. 8,1–13 (Hauptmann von Kapernaum) oder Acta 10,17–35 (Petrus und der römische Hauptmann Kornelius); als Psalm: Ps. 67; oder Ps. 72,1–15 und 18 f.

Lieder

Epiphaniaslieder im EKG behandeln die Erzählung stiefmütterlich, lediglich in 49,2 ist die Rede von den »Leut aus Morgenland«; ansonsten wird hauptsächlich anhand des Sterns das Licht besungen, »das in die Welt gekommen« ist (451,1): 48,50,52, ebenso 414.
Von den Weihnachtsliedern nimmt 29,5 direkt Bezug auf den »Stern aus Jakob«. Die Anbetung hat Paul Gerhardt in Lied 28 (bes.v.4) unüberbietbar ausgedrückt. Neue Lieder: »Aus dem Osten kamen Weise« (In dieser Nacht, Bosse, Regensburg) und zwei andere in: »Jetzt ist die Zeit zum Feiern«, hrsg. M.G. Schneider. Der wohl nur selten gemeinsam erlebbaren

Anbetung ein gutes Stück angemessen ist der Kanon »Lobet und preiset, ihr Völker, den Herrn ...« (in »Auf und macht die Herzen weit«, Liederheft der Ev.-Luth.-Kirche Bayern)

Kyrie
Im neuen wie im alten Jahr bist du, Herr, unser Vater. Was immer uns begegnet – wir wenden uns zu dir allein und bitten dich um Schutz für unser Leben: Kyrie
oder: Unsere Kirche, unsre Gemeinde – wie klein ist sie doch, und wie wenige sind meistens im Gottesdienst; viel zu klein und gering, um Großes tun zu können, sind wir, viel zu eng unser Horizont für die Verheißung deiner Herrschaft. Führe unser Denken und Fühlen heraus aus der Engherzigkeit und dem Kleinglauben. Laßt uns rufen: Kyrie

Gloria
Jeder Morgen ist ein neuer Anfang meines Lebens, jeder Tag ein Geschenk an mich. Laßt uns dieses Geschenk miteinander teilen, laßt uns gemeinsam leben und Gott loben: Gloria
oder: Unermeßlich groß ist deine Welt, Herr, und reich an Leben deine Schöpfung. Groß machst du uns Kleine; als Mitarbeiter an deiner Herrschaft sollen wir deine Freundlichkeit erzählen, die die Grenzen der Völker überschreitet. Ohne Ende soll dein Lob sein auf der Erde, laßt uns singen: Gloria (oder: Kanon »Lobet und preiset ...«)

Gebet (aus Afrika)
»Herr Jesus Christus, du wurdest von einer hebräischen Mutter geboren. Babylonische Weise huldigten dir. Du warst voll Freude über den Glauben einer syrischen Frau und eines römischen Hauptmanns. Die Griechen, die dich suchten, hast du freundlich aufgenommen. Dein Kreuz trug ein Afrikaner.«
... Vergib uns die Selbstverständlichkeit, mit der wir uns als die Erwählten betrachten, und hilf uns los von der Geruhsamkeit, mit der wir dein Wort für uns behalten, als sei es nur für uns bestimmt. Laß uns deinen Auftrag erkennen, daß wir Anteil haben an der Sendung Jesu auf dieser unserer Erde. Zeige uns die Schuld der Väter, die uns aus dem lieblosen Umgang mit anderen Völkern erwächst, die Versäumnisse und Übergriffe; und gib, daß nicht neue Schuld geschieht, sondern Versöhnung gelingt.

Zur Predigt
Möglicher Anfang
»Nun hat der Jahreswechsel die Erinnerung an Weihnachten schon zu-

rückgedrängt. Vorsichtig sind wir die ersten Schritte ins Neue Jahr gegangen. Da blickt man nach vorn. Was wird uns dieses Jahr wohl bringen? Mich beschäftigt das in diesen Tagen. Für die Gemeinde planen wir im Kirchenvorstand die Konfirmationen, das Missionsfest. Wie wird es im Kindergottesdienst weitergehen? Aber Weihnachten ist ja noch nicht ganz vorbei. Der Christbaum steht noch in der Kirche, wenn auch heute zum letzten Mal. Und zu Hause steht er vielleicht auch noch, und die Krippe darunter.«

Zum weiteren Verlauf
Deutung der Krippenfiguren – Hirten, sie stehen für das einfache Volk – Engel, sie bekunden die absolute Gültigkeit des Geschehens, Ochs und Esel (Jes. 1,3) stehen für die Ablehnung der Frommen; und die »Könige«? Vermittlung mit dem Text. Waren es denn Könige? Und wieviele? Einer alten orientalischen Tradition nach waren es zwölf! Und was bedeuten sie? Von ihnen muß jetzt die Rede sein, sie kommen sonst gar nicht zu Wort. Es fehlt sonst etwas an der Weihnachtsbotschaft, es ist dies nachzutragen.
»Die Mt.-Erzählung bringt mit den fremden Weisen oder den weisen Fremden eine zusätzliche, eine eigene Botschaft, ohne die das Christfest unvollständig wäre. Diese Fremden stehen für fremde Völker und fremde Kulturen. Und es sind alle die Völker, die bis dahin gar nichts zu tun hatten mit Israel, mit dem Gott Abrahams und dem Gott Davids, so wie unser Volk und unsere Kultur zunächst ja auch damit nichts zu tun hatte. Aber durch diese Fremden werden auch wir miteinbezogen, werden alle Völker miteinbezogen. Und das Zeichen des Himmels, der Stern, unterstreicht das und macht es für alle sichtbar: Der Gott des Volkes Israel wendet sich jetzt den Menschen der Erde insgesamt zu. Dies ist wahrlich eine Sternstunde der Menschheit. Wie der Stern am Himmel rund um die Erde sichtbar ist, so gilt von nun an die Liebe Gottes als das Maß aller Dinge rund um die Erde für alle Menschen. Im Licht des Sterns sehen die Fremden, sehen wir Fremden die neue Welt Gottes in diesem Kind beginnen. Das will Mt. sagen. Durch dieses Kind scheint das Licht für alle. Das bedeutet das griechische Wort Epiphanias: Gottes Liebe erscheint in einem menschlichen Gesicht.«
Christus ist keine nationale, keine national- und damit keine kulturellbegrenzte Größe. Das geht über Lk. 2 hinaus, ist darin nicht einhalten. Die Botschaft der Engel gilt »allem Volk», nicht »allen Völkern«. Durch die Fremden – sie seien nun Könige, Weise oder Magier – wird die Grenzenlosigkeit der Botschaft und der Herrschaft Gottes sichtbar proklamiert. Der Stern zeigt das außerdem. Um die Magier in Bewegung zu setzen, hätte ein Traum genügt, wunderbar wäre auch das gewesen. Der Stern

als kosmisches Ereignis zeigt entsprechend ein kosmisches Ereignis an, und die Worte unserer Zeit dazu heißen: inter-national, oekumenisch = weltweit, interkulturell.
Aber einige, viele sogar, knieen nicht bei Jesus. Es sind nicht die Bösen, es sind vielmehr die, die noch suchen, die vielleicht an der falschen Stelle ihr Heil suchen; die nicht mehr suchen vielleicht oder die nicht richtig suchen können, weil ihr Besitz im weitesten Sinn sie unbeweglich macht. Sie können sich nicht »aufmachen«. Wenn auch mächtig wie Herodes, glücklich sind sie wohl nicht – wie Herodes. Beneidenswert der, der den Punkt gefunden hat, von dem aus sich alles erschließt, das eigene Leben und das Leben aller anderen; selig und glücklich der, der sich anbetend in die Hände Gottes geben kann, dessen Suche beendet ist; der alles, was er hat, und sich selbst in Gottes Hand fallen lassen kann.
Die inter-nationale und inter-kulturelle Bewegung hat die Mission notwendig zur Folge, das Weitersagen in allen Sprachen. Die Gestalt des dunkelhäutigen Königs aus der Legende kann dies veranschaulichen, begründen kann sie es nicht.
»Im Blick auf unsere Gegenwart heißt das: wir tun genau das Richtige, wenn wir die Botschaft überallhin weitersagen, die Herrschaft Gottes weitertragen und dazu beitragen, daß Mission geschieht. Es ist genau auf der Linie des Glaubens, wenn wir bei Missionsfesten danach fragen, was an anderen Orten der Erde geschieht. Wir sollen uns darum sorgen und dafür einstehen, daß diese Friedensbotschaft weitergesagt wird. Der Glaube an Jesus hat einmal viel in Bewegung gebracht, und da bewegt sich heute auch wieder vieles – nur sehen wir das nicht mehr vor Augen. Mission ist Bewegung über die Grenzen hinaus, weil wir den Glauben nie für uns allein haben können. Gott will uns mit allen Menschen dieser Erde verbinden, wir sollen uns mit ihnen verbünden.«
Von missionarischen Aktivitäten in der Gemeinde oder in der Umgebung ist da zu reden, aber wohl auch von den einstigen (?) Problemen und Fehlentwicklungen; von den unheilvollen Verknüpfungen der Mission mit wirtschaftlichen Interessen. »Sie sagen ›Jesus Christus‹, aber sie meinen ›Kattun‹« oder wie man heute sagen müßte: ›Rohstoffe und Absatzmärkte‹. Am Beispiel der Schriftgelehrten ist zu zeigen, was passiert, wenn ein frommer Glaube erstarrt. Wo es möglich ist, sie anzubringen, ist eine große Weltkarte hilfreich zur Veranschaulichung. (Evang. Missionswerk in SW-Deutschland, Stuttgart, Karte für flächengetreue Peters-Projektion, DM 2,50) Arbeitsgebiete einer Missionsgesellschaft können angezeigt werden.

Möglicher Schluß
»Was diese Weltkarte freilich nur andeutungsweise zeigt – wir wissen es

ja selber nur zu gut: die Grenzen. Zerrissen in Herrschaftsgebiete ist die Erde und getrennt in viele Völker und Kulturen, und es erwachsen daraus viele Spannungen und Konflikte. Wo es um Herrschaft von Menschen geht, da gibt es immer Streit – immer? Immer dann jedenfalls, wenn Menschen so reagieren wie Herodes, wenn sie Angst um ihren Einfluß haben und um ihr Ansehen. Mt. zeigt den neuen Herrscher an, den kleinen König des Friedens. Seine Herrschaft ist grenzenlos, sie kennt keine Grenzen. Das ist bei uns wohl so: wer zu groß und zu stark ist, der erweckt Furcht bei den anderen, berechtigte Furcht, der erweckt Neid, dem kann man nicht gut vertrauen. Das ist das Geheimnis, das unglaubliche und doch so lockende und anziehende Geheimnis der Herrschaft Jesu: Er ist so schwach, daß ihn niemand fürchten muß, er macht uns nicht klein, sondern er macht uns groß; und zugleich ist er so stark, daß er für alle Herrscher und Mächtigen der Erde der Herr und für alle Kleinen und Schwachen der Bruder sein kann. Deshalb kann hier die Gemeinschaft der Streitenden möglich werden: wenn wir wie die Könige in der Legende an der Krippe unsere Herrschaftsansprüche niederlegen, wenn wir es vermeiden, bei anderen Neid zu wecken, wenn wir uns gemeinsam vor dem König der Ehren, vor dem König unter dem Himmelsstern beugen. Das wird unser Glück, das wird das Glück der Erde sein.«

Familiengottesdienst »Der Stern der Fremden«

Begrüßung – Sollen wir noch einmal Weihnachten feiern? Warum eigentlich nicht? Was schön ist, kann ruhig ein zweites Mal gemacht und bedacht werden. Außerdem sind die Weisen bisher sicher zu kurz gekommen am Hl. Abend ...

Kinder singen:

»Seht ihr unsern Stern dort stehen ...« und »Weil wir neues Leben suchen, darum folgen wir dem Stern ...« (In dieser Nacht, S. 21)

Mitarbeiter:

Sterne haben oft etwas bedeutet, angedeutet, angezeigt. Fern aller Astrologie nennen wir ja auch den Planeten Venus »Morgenstern«, weil er früh am Morgen das Ende der Nacht anzeigt. Symbolische Deutung: Morgenstern = Jesus.

Gemeinde

singt 414,1–4 »Der Morgenstern ist aufgedrungen ...«

Pfarrer:

Zusammenhang Lk.- und Mt.-Erzählung von der Geburt Jesu; Schwerpunkt: Mt. will etwas Eigenes sagen: Die Herrschaft Gottes gilt aller Welt, nicht nur einem Volk; Lesung des Mt.-Textes. Mittelpunkt freilich auch hier: Jesus. »Nichtjuden wie wir auch sind die Weisen, die Fremden, und

sie nehmen vorweg, wonach auch wir uns sehnen: sie geben sich Gott hin. Ihrer Anbetung hat P. Gerhardt nachgedacht. So haben die fremden Weisen vielleicht auch empfunden, wie wir es jetzt singen wollen: EKG 28,1–4.
SPIEL der Kinder (für sehr kleine Kinder gedacht)
Zu den Worten eines Erzählers/einer Erzählerin spielen sie, was jeweils erzählt wird: Das Suchen am Himmel – das Wandern – die Ankunft. Herodes lädt nicht sehr zur Identifikation ein. Die Szene kann, wenn die Weisen »auf der Wanderung« sind – am besten weg vom Altar in den Rücken der Gemeinde bis zum Eingang – ohne Darstellung erzählt werden. Es ist gut, wenn da viele »Weise« sind mit einem »Fernrohr«, aber auch »Könige« (und einmal wirklich keine Hirten und Engel). Wenn die »Weisen« nach dem nur erzählten Aufenthalt bei Herodes wieder zum Altar kommen, steht eine Krippe da, in der eine brennende Kerze steht. Als Geschenk legen die Weisen ihr Fernrohr, die Könige ihre Krone an der Krippe nieder. Ist die Geschichte erzählt, gehen die Kinder singend um den Altar: »Kommt, sagt es allen weiter ...« oder: (evtl. mit der Gemeinde zusammen) Kanon »Lobet und preiset, ihr Völker, den Herrn ...«.
Nach Gebet und Vaterunser: Schlußlied: EKG 49,1–3+6.
Als Segen Jes. 60,1: »Mache dich auf und werde Licht, denn die Herrlichkeit des Herrn geht auf über dir. Geht hin im Frieden, der Herr ist mit euch.«

Erzählung

Zwei Stunden ungefähr geht man von Jerusalem nach Bethlehem, das ist auch noch heute so. Und auf diesem Weg sind sie nun, die Magier; es ist ihre letzte Etappe. Sind sie wirklich bald am Ziel ihres Suchens? Wie oft haben sie davon schon gesprochen, wie das wohl sein würde! Jetzt sind sie ganz still, in Gedanken versunken reiten sie dahin. Was ihnen wohl durch den Kopf geht? Da ist der letzte, gerade erlebte Eindruck: Diese große Stadt, die sie nun verlassen, der Aufenthalt bei jenem König, der zuerst gar nicht begriffen hatte, was sie wollten. Beinahe beleidigt und beleidigend hatte er reagiert, als er merkte, daß sie nicht ihn besuchten, nicht ihm Geschenke bringen wollten. Und dann sein merkwürdiges Verhalten: die große Anhörung vieler Gelehrter, die heimliche Unterredung – seltsam, wie engagiert der König tat, und nun kam er doch nicht mit; irgendwie unehrlich kam er ihnen vor. Aber die Auskunft der Gelehrten hatten sie ja, und was sonst in dem Palast geschah, das ging sie nichts an. Da wollten sie sich lieber nicht einmischen.
Wie weit es wohl noch war? Es wurde kalt, dunkel war es auch, aber das war den Reisenden vertraut. Es war wie immer, wenn sie reisten, und doch – heute war es anders, heute sollten sie ans Ziel kommen, fast konnten sie es nicht glauben. Bethlehem – ob das ein größerer Ort wäre? Dann

würden sie dort noch suchen müssen vielleicht. – Ein Weg zweigte ab. Sollten sie nach rechts gehen oder geradeaus? Eine Weile berieten sie, schauten nach den Sternen. Nach rechts, einigten sie sich. Als sie sich eben wieder in Bewegung setzen, bellt ein Hund und gleich darauf noch einer. »Sehr gut«, sagte der eine, »ich werde die Hirten fragen« und reitet in die Richtung des Gebells, das immer heftiger wird und dann plötzlich verstummt. Nach einer Weile kommt er zurück. »Wir sind richtig«, sagt er, »nach rechts, und dann gleich hinter dem nächsten Hügel liegt der Ort«.
Dann geht es wieder weiter, die Spannung steigt noch ein bißchen, in Gedanken nähern sie sich dem Punkt, an dem sie oft waren: ihr Auftreten haben sie lange vorbedacht, und über das, was sie sagen wollten, hatte es lange Erörterungen gegeben; aber weil sie wirklich weise waren, hatten sie sich auch geeinigt. Daran dachten sie jetzt, aber da war ja noch etwas anderes: in welchem Haus wären sie wohl richtig?
Da blieb der erste plötzlich stehen. Er hatte den Punkt erreicht, von dem aus man die Senke überblicken konnte, in der der Ort lag. »So,« sagte er leise, »und jetzt?« Sie schauten sich an. Sie schauten den Ort an. Sie schauten den Himmel an. Sie schwiegen lange, in Gedanken versunken. So nahe vor dem Ziel und doch noch nicht da; die ganze Kraft ihrer Sehnsucht, ihrer suchenden Seelen nehmen sie zusammen in diesem Augenblick – und dann setzen sie sich in Bewegung – wie auf ein geheimes Zeichen ziehen sie hinunter und durch den ganzen Ort hindurch, ohne Hast, aber zielbewußt, vorbei an kläffenden Hunden, schweigend und konzentriert – bis zu dem Haus. Dort halten sie an, sie steigen ab. Im Dorf ist es wieder still geworden. Da klingt von drinnen aus dem Haus ein leises Kinderweinen. Die Magier schauen sich an, schauen zum Himmel, sie nicken sich zu und gehen hinein.
Die Frau hat angefangen zu singen, damit das Kind wieder einschläft. Sie hat es in den Armen und wiegt es leise im Takt. Sie singt einfach weiter, als die Fremden hereinkommen. Nur der junge Mann, der neben ihr hockt, schaut etwas betreten auf die Leute. Keiner sagt etwas, aber die Augen sprechen. Hingerissen, wie lebenden Statuen stehen die Magier und sehen weder die Frau noch den Mann – nur das Kind. Dann ist die Frau still, auch das Kind, und dann legen die Fremden Geschenke auf den Boden, sagen ihre hohen Worte, die in diesem kleinen Raum so seltsam klingen: Der Stern Jakobs sei aufgegangen, sie haben ihn gesehen, dem König bringen sie ihre Huldigung, glücklich seien sie, daß sie dies Kind gefunden hätten; mit der Stirne berühren sie den Boden wie vor einem wirklichen König. Dann singen sie, leise, ein Lied vom Frieden, wo Gott in Freundlichkeit der Gott aller Menschen ist; ein Lied, in dem Sehnsucht und Freude zugleich klingen.
Und dann wird das Feuer entfacht, Tee wird gekocht, und sie fragen sich

und erzählen sich gegenseitig, wie wenn Verwandte sich nach langer Zeit wiedersehen, offen und herzlich. Als der Morgen graut, läßt die Spannung nach, der Schlaf fordert sein Recht. Am Nachmittag erwachen sie, wie aus einem Traum. So gering und normal sieht alles bei Tageslicht aus; aber da ist das Kind, und da fangen sie wieder an zu singen von der Herrschaft des einen freundlichen Gottes auf der Erde, das Lied, das sie die ganze Reise über begleitet hat. Nun haben sie gefunden.
Und dies Lied hat sie wohl auch weiterhin begleitet auf ihrem Weg zurück, von dem wir so wenig wissen – nur, daß er nicht wieder über Jerusalem führte, an einen Ort in der Ferne, der uns ebenso unbekannt ist. Was wir aber wissen: Die Geburt Jesu hat ganz weitreichende Bedeutung. Vom fernen Bethlehem bis zu uns hin, und noch viel weiter, über alle Zeiten hin, in alle Länder und Völker will das Licht des Himmelssterns Klarheit und Leben bringen. Im Licht dieses Sterns Gottes wird der Ort sichtbar, wo Menschen sich ohne Furcht selbst vergessen und in Gottes Hand geben dürfen. Zusammen mit den vielen anderen Christen in den vielen anderen Ländern unserer Erde wollen wir Gott loben und anbeten mit dem Kanon: »Lobet und preiset, ihr Völker, den Herrn, freuet euch seiner und dienet ihm gern. All ihr Völker lobet den Herrn.«

Kontexte

»In tiefer Bestürzung erkennt der Magier, was er dort sieht: auf der Erde den Himmel, im Himmel die Erde, in Gott den Menschen, im Menschen Gott und, eingeschlossen in dem kleinen Leib, ihn, den die ganze Welt nicht zu fassen vermag ...« (Petrus Chrysologus, um 380 bis 450, Predigt 160 in: Wir haben seinen Stern gesehen, Christopherus/Burckhardthaus, 1979; dies Heft auch als Tonbild erhältlich, ebda.)

Das unaufhörliche Loblied (Zenetti, Texte der Zuversicht, 1972, S. 304)
Dir zur Ehre / laßt uns singen / in der Höhe / in der Tiefe / hier auf Erden / mit den Menschen deiner Gnade / auf den Knien / und im Tanzen / laßt uns singen / laßt uns loben / laßt uns leben / laßt uns atmen / in der Freude / unter Tränen / alle Tage / so wie gestern / so auch heute / und auch morgen / laßt uns singen / alle Zeiten / und für immer / bis wir sterben / laßt uns singen / wenn wir sterben / laßt uns singen / dir gehören / wenn wir sterben / laßt uns singen / laßt uns leben / dir zur Ehre / (usw.)
Wir sprechen verschiedene Sprachen / Wir wohnen hier oder dort / Wir tragen verschiedene Namen / wir hören dasselbe Wort.
Wir leben mit vielerlei Sorgen / ein jeder hat seine Not / ein jeder geht eigene Wege / Wir teilen dasselbe Brot.
Wir denken verschieden von morgen / Wir fürchten und hoffen zugleich / Wir stellen uns Fragen um Fragen / Wir sagen: Es komme dein Reich. (Zenetti, a.a.O. S. 287)

Siehe auch: Die Legende vom vierten König, von Edzard Schaper, in: Geschichte von Hirten, Heiligen und Narren, Herder 1983, S. 34; dort noch andere Geschichten dazu.

Gedichte zu den Hl. Drei Königen (Goethe, Schlegel, Eliot, Droste-Hülshoff) in: W. Erk, Weihnachtsveranstaltungen, 1976, S. 152 ff.

Weitere Medien: Laienspiel »Vom Mohren, der die Krippe fand«, Deutscher Theater Verlag, 30 Minuten, in: Gerts/Stolzmann/Wipperfürth, Auf dem Weg nach Bethlehem, GTB, S. 76.

Plakat Weltmission – Heute sind wir Partner, Das Leonardo-Abendmahlsbild als Fotocollage mit zeitgenössischen, gemischt-rassischen Gesichtern (Evang. Missionswerk in SW-Deutschland, Stuttgart)

Lied: »Schwarze, Weiße, Rote, Gelbe, Gott hat sie alle lieb ...« in: 9 x 11 Kinderlieder.

Christian Morgenstern: »Wir stehen nicht am Ende, sondern am Anfang des Christentums«.

1. Sonntag nach Epiphanias

Predigttext: Matthäus 3,13–17
Klaus Zillessen

Theologisch-homiletische Skizze

Für das Verstehen der Taufperikope in der Matthäusfassung haben die Verse 14 und 15 eine Schlüsselstellung: Warum läßt Jesus sich von Johannes taufen? – Antwort: »So gebührt es uns, alle Gerechtigkeit zu erfüllen.«

Abweichend von der Exegese Luise Schottroffs* (aber in Übereinstimmung mit anderen Neutestamentlern) scheint es mir um die Solidarität Jesu mit den Sündern (Mt. 3,6) zu gehen, die die Bußtaufe (3,11) des Johannes annehmen. Taufbegehren als Akt der Solidarität, Taufbegehren als Bekenntnis zur Sündergemeinde – das interessiert mich (und hoffentlich auch die Predigthörergemeinde!) – darüber möchte ich ein bißchen weiter nachdenken.

Wohl geht es Matthäus in seinem Bericht von der Taufe Jesu zunächst vor allem um den christologischen Aspekt. Aber nicht ausschließlich: Ihn interessiert (wie so oft) auch der ekklesiologische Aspekt, die Frage nach der Gemeinde.

Als nicht mehr ganz junger Gemeindepfarrer, der in über 20 Berufsjahren vermutlich schon drei- oder viermal die Christusbotschaft dieser Perikope zu predigen versucht hat (was in der Epiphaniaszeit ja auch naheliegt!), reizt mich diesmal die ekklesiologische Alternative: Wenn das Taufbegehren Jesu ein Akt der Solidarität ist, – sollte (sozusagen spiegelbildlich) unser Taufbegehren, der Wunsch von Eltern, ihre Kinder taufen zu lassen (und zunehmend auch der Wunsch älterer Kinder und Jugendlicher getauft zu werden) nicht auch einmal unter diesem Gesichtspunkt bedacht werden?

Ich werde also eine Predigt versuchen über Taufbegehren als Akt der Solidarität, als Bekenntnis zur Sündergemeinde, die dennoch wunderbarerweise anders, aber ähnlich wie Jesus Gottessöhne und Gottestöchter werden sollen, mit seinem Geist beschenkt werden sollen.

Noch ein paar Überlegungen dazu:

»Taufbegehren als Akt der Solidarität« meint hier natürlich nicht volkskirchliches Mitmachertum (»Taufe gehört dazu« – »Unsere Eltern haben uns auch einmal taufen lassen«), also nicht Solidarität der Volkskirche, sondern der bußbereiten Sünderkirche.

---

* Gottesdienstpraxis, 1. Perikopenreihe, Ergänzungsband Exegesen, Gütersloh 1984

Wenn wir unsere Kinder in die Gemeinschaft dieser Sündergemeinde hineintaufen, dann könnte das auch ein Ja zur Fehlsamkeit unserer Kinder sein, ein Ja dazu, daß unsere Kinder nicht die Prachtkerlchen und Wunderkinder sind, in die wir unsere unerfüllten Wünsche und unerreichten Lebensziele hineinprojizieren und damit Überforderung und Enttäuschung auf beiden Seiten vorprogrammieren. Taufwunsch als Bekenntnis der Schuld, als Bekenntnis, daß wir Gottes Retten und Zuwenden nötig haben, als Bekenntnis zu Jesus (wie er sich mit seiner Taufe zu uns Sündern bekannte) und als Bekenntnis zum Vater im Himmel.
Wenn mit der »Gerechtigkeit Gottes, die erfüllt werden soll« das gesamte Heilshandeln Gottes in Jesu Leiden und Tod eingeschlossen ist, dann könnte Taufbegehren auch ein Bekenntnis zur Nachfolge, ein Bekenntnis zur Leidensgemeinschaft der Nachfolger Jesu sein (also nicht nur ein Bekenntnis zur Herrlichkeit der Söhne und Töchter Gottes.).

Vorschläge zur Liturgie

Der Predigttext hat mich dazu angeregt, die Liturgie als »Feier zum Taufgedächtnis Jesu« zu gestalten. Gerade nachdem der Kern des Taufberichts in meinem Predigtvorhaben etwas an den Rand gerückt ist zugunsten des Nachdenkens über das Taufbegehren Jesu, möchte ich in der Eingangsliturgie die Taufe Jesu selbst, die Epiphanie des Gottessohnes, auf den der Geist kommt, in die Mitte stellen. Das könnte so aussehen:

Begrüßung und Einführung in den Gottesdienst

Liebe Gemeinde, wir haben zu unserem Gottesdienst ein Licht, eine Taufkerze entzündet, – nicht weil heute ein Kind unserer Gemeinde getauft werden soll, sondern weil wir miteinander in diesem Gottesdienst das Taufgedächtnis Jesu feiern wollen. Jesus ist erschienen als das Licht der Welt in unserer Finsternis. Darum singen wir: »Du höchstes Licht, ewiger Schein ...« (EKG 337)

Eingangsspruch

Mach dich auf, werde Licht, denn dein Licht kommt, und die Herrlichkeit des Herrn geht auf über dir (Jes. 60,1 oder Jes. 9,1; 1. Joh. 2,8).

Bußgebet (zum Kyrie)

Allmächtiger Gott und Vater, du hast das Licht der Welt in Christus über uns aufgehen lassen, aber wir haben uns immer wieder in finstere Winkel unseres Lebens zurückgezogen. Suche uns, bescheine, erwärme und belebe uns! Herr, erbarme dich über uns!

Gnadenzusage (zum Gloria)

Christus spricht: Ich bin gekommen in die Welt – ein Licht, damit, wer an mich glaubt, nicht in der Finsternis bleibe. (Joh. 12,46 oder Jes. 9,1)

Kollekten- oder Eingangsgebet
Herr Jesus Christus, du Sohn Gottes, wir wollen das Gedächtnis deiner Taufe feiern. Der Himmel deines Vater hat sich über dir aufgetan – so öffne auch uns Türen und Wege zum Vater. Gottes Geist kam auf dich herab – gib uns von deinem Geist! Amen.

Lesung (»zur Taufgedächtnisfeier Jesu«)
Markus 1,9–11 (also das Evangelium von der Taufe Jesu in der Markus-Fassung, ohne das bei Matthäus vorangestellte Täufergespräch Mt. 3, 13+15, das dann im Mittelpunkt der Predigt stehen wird).

Lieder
Eingangslied EKG 337 (siehe oben); vor oder nach der Predigt: R.A. Schröders »Der Heiland kam zu seiner Tauf ...« (EKG 153,1–3); falls ein Kind im Gottesdienst getauft werden soll auch Vers 4+5; als Erinnerung an unsere eigene Taufe könnte am Schluß des Gottesdienstes EKG 152 (»Ich bin getauft auf deinen Namen«) gesungen werden.

Schlußgebet
Herr Jesus Christus,
hab Dank, daß du in deiner Taufe an unsere Seite getreten bist,
unser Bruder wurdest,
Bruder von Anspruchslosen, die einen anderen Lebensstil suchen wie Johannes,
und Bruder von habgierigen Geldmenschen, die nicht loslassen und teilen können,
Bruder von gewaltlosen Friedenkämpfern
und von waffenklirrenden Militärs;
hab Dank, daß du mit uns zusammenbleiben willst.
Vater im Himmel,
du hast uns durch die Taufe in deine große Familie aufgenommen.
Du schämst dich nicht, uns deine Söhne, Töchter, Kinder und Erben zu nennen,
uns, die wir dir Schande machen, –
gib uns Geist von deinem Geist
und mach uns so bereit,
daß wir ohne Überheblichkeit, Besserwisserei und Verachtung aufeinander zugehen und zusammenbleiben,
auch mit den schwarzen Schafen deiner großen Familie,
mit den geratenen und ungeratenen Geschwistern,
mit den friedlichen und streitsüchtigen Gliedern deiner Familie,
mit denen, die ihren Weg wissen,

und mit denen von uns, die irren.
Du erträgst uns, liebst uns,
so laß auch uns einander ertragen, weiterhelfen
und Gemeinschaft finden in Kummer und Fröhlichkeit, in Not und in Fülle.
Führe uns den Weg zu dir zurück, an deinen Tisch, ins Vaterhaus. Amen.

Predigtskizze

Möglicher Anfang

Wir wollen in diesem Gottesdienst das Taufgedächtnis Jesu feiern! In der Lesung hörten wir den Bericht von Jesu Taufe, wie ihn der Evangelist Markus erzählt hat. Ein anderes Evangelium, das des Matthäus, berichtet darüber hinaus, daß dieser Taufe ein Gespräch zwischen Johannes und Jesus vorangegangen sei. In diesem Gespräch geht es um die Frage, warum sich Jesus eigentlich taufen lassen möchte, was das Taufbegehren Jesu eigentlich zu bedeuten habe. Ich lese diese Sätze: Matthäus 3, 13–15.

Zum weiteren Verlauf

1. Der, der keine Schuld zu bekennen hat und der der Sündertaufe nicht bedarf, läßt sich dennoch taufen – wie die andern und mit den andern zusammen! Er stellt sich damit auf die Seite von skrupellos auf ihren Vorteil bedachten Zöllnern, auf die Seite von Militärs, die auf Gewalt, Schlag und Gegenschlag, Rüstung, Aufrüstung und Nachrüstung setzen; er stellt sich auf die Seite von armen Reichen, die an ihrem Besitz kleben, nicht loslassen, abgeben, teilen können ...
Jesu Taufbegehren ist ein Akt der Solidarität mit Sündern, ein Bekenntnis zur Sündergemeinde, die Schuld einzugestehen hat und Vergebung braucht. (Hier hätte eventuell der Text von J. Zink – s.u. – Platz)
2. Zu diesem Jesus, der sich zu den Sündern bekannte, bekennt sich Gott! Sein Schritt gefällt ihm, er erklärt ihn zu seinem Sohn und Stellvertreter. In ihm will er unter uns Menschen zugegen sein. Durch ihn will Gott seine seltsame und besondere Gerechtigkeit verwirklichen, zum Ziel und zur Erfüllung bringen. Ihm schenkt er seinen Geist zu geistgewirkten hilfreichen, wegweisenden Worten ...
Sein Weg des Leidens und Sterbens mitten unter Sündern, durch Sünder und für sündige Menschen ist Gottes Weg mit uns! ...
3. Kehren wir noch einmal zum Ausgangspunkt zurück: Als Jesus sich taufen ließ, wollte er sich auf die Seite der Sünder stellen, bekannte er sich zur Sündergemeinde. – Was steht eigentlich dahinter, wenn *wir* die Taufe wünschen, wenn wir unsere Kinder taufen lassen wollen, wenn wir unsere eigene Taufe bejahen? Was meinen unsere Konfirmanden, wenn sie in

wenigen Wochen bei der Konfirmation sich zu ihrer Taufe bekennen? Wozu bekennen sie sich dann? Zu einer bestimmen konfessionellen Ausprägung von Kirche? Zur Volkskirche (»da muß man ja wohl dazugehören« – »Es könnten einem Nachteile entstehen, wenn man nicht in der Kirche ist« – »mein Kind soll in der Schule kein Außenseiter sein als Nichtgetaufter«)? – Ist unsere Taufe ein Bekenntnis zu Sitte und Tradition (»In unserer Familie sind immer alle getauft worden!«)? –
Oder ist unsere Taufe ein Bekenntnis zur Sündergemeinde Jesu Christi? Das hieße dann (die folgenden Gedanken könnten weiter ausgeführt werden):
(a) ein Ja zur fehlbaren Kirche (hier hätte der unten angeführte Text von Eppler seinen Platz), die man nicht schon dann verlassen kann, wenn sie Anlaß zur Kritik gibt.
(b) ein Ja zu gelebter Gemeinschaft mit andern fehlerhaften schuldigen Menschen ...
(c) das Eingeständnis eigener Fehler und Schuld ...
(d) das Eingeständnis, daß ich Gottes Vergebung nötig habe und den »Sünderheiland« Jesus Christus brauche ...
(e) Es bedeutet aber auch, die eigenen Fehler und Schuld aushalten zu können und
(f) ertragen und bejahen zu können, daß unsere Kinder (die wir zur Taufe bringen, zur Konfirmation geleiten) Mängel und Fehler haben dürfen, Sünder sein dürfen, nicht die Prachtkinder sein müssen, die all das darstellen und verwirklichen sollen, was wir in unserm eigenen Leben nicht darstellen und verwirklichen konnten ...

Schluß
Auf solch einem Bekenntnis zur Gemeinde dessen, der sich auf die Seite der Sünder stellte, liegt eine große Verheißung: Sie sollen dasselbe erfahren, was Jesus bei seiner Taufe erfuhr: Über ihnen soll der Himmel Gottes offen sein, sie sollen hören und wissen: »Ihr seid meine lieben Söhne und Töchter, an denen ich, euer Vater im Himmel, mich freuen will um Jesu Christi willen.« Auch auf uns soll Gottes Geist herabkommen und Heilvolles wirken in uns, und durch uns bei anderen. Diese Verheißung schließt allerdings nicht nur die Herrlichkeit der Söhne und Töchter Gottes ein, sondern zugleich die Gemeinschaft derer, die Jesus auf seinem Weg des Leidens nachfolgen.

Alternative
Als Alternative zu vorstehendem Predigtentwurf könnte mich – gerade nachdem das Lutherjahr 1983 vorüber ist – eine Liedpredigt über Luthers

»Christ unser Herr zum Jordan kam« (EKG 146) reizen, trotz der etwas sperrigen Katechismuslehrhaftigkeit dieses Liedes. Ich würde der Gemeinde ein vervielfältigtes Blatt in die Hand geben, das den Evangeliumstext Matth. 3,13 ff. und Luthers Liedstrophen als Synopse nebeneinander zeigt. Wer eine gute Orgel und einen tüchtigen Organisten hat, kann Bachs Vorspiel zu diesem Lutherlied aus dem »III. Teil des Clavierübung, bestehend in verschiedenen Vorspielen über die Catechismus- und andern Gesängen vor die Orgel ...« in den Gottesdienst oder die Predigt einbeziehen. Vor allem das größere der beiden Vorspiele (BWV 684) deutet seinerseits Matth. 3,13 ff. und Luthers Tauflied (»... Die chiastische Motivbildung des Begleitsatzes meint ... Christus und seinen Kreuzestod ..., während die gleichmäßige Sechzehntelbewegung bildkräftig die Fluten des Jordans zeichnet ...« – so Jürgen Beythien auf einem Schallplattenhüllentext).

Kontexte

Ein Bekenntnis zu Jesus, der sich zu uns Sündern bekannte:
»Er lebte nicht für sich,
sondern war bei den Menschen
und zeigte ihnen, wie Gott nahe ist.
Er heilte Leib und Seele der Kranken
und zog sich von den Ausgestoßenen nicht zurück.
Er gab sich vollkommen hin.
Er kämpfte gegen Selbstgerechtigkeit,
gegen Erstarrung und Heuchelei.
Er löste die Menschen, die ihm glaubten,
von ihrer Schuld und führte sie so zu Gott.
Er befreite sie von der Sorge um ihr Leben
und gab ihnen Augen für die Not der anderen
und Kraft, ihnen zu helfen.
Er zeigte ihnen die Zukunft:
Das Reich der Liebe Gottes.« (Jörg Zink)
(zitiert nach: »Arbeitsbuch Religion 7/8« aus dem August Bagel-Verlag, Düsseldorf, Seite 25, 1974)

Christsein als Bekenntnis zur Sündergemeinde:
»Was mich meiner Kirche heute verbindet, ist die Tatsache, daß sie es schwer hat mit ihrem Erbe, daß sie sich mit einer Botschaft abmüht, die, weil sie menschlich ist, uns immer wieder überfordert. Eine Kirche, die es fertig brächte, das Evangelium von dem, der für andre da war und der trotz Kreuzigung nicht tot ist, in ein paar fertige, unveränderliche Formen zu bringen, würde mich kalt lassen. Eine Kirche, die an ihrer eigenen Aufgabe immer wieder scheitert, fasziniert mich. Sie zeugt damit auf eine menschliche Weise für den, in dessen Auftrag sie steht ... Wer einmal

angefangen hat, mit der Kirche zu hoffen, zu suchen, zu scheitern, sich zu ärgern und zu lachen, wird auf die Frage, warum er in der Kirche bleibe, antworten müssen: weil dieses Suchen, Scheitern, Ärgern und Lachen ein Teil dessen ist, was man meine Person nennt. Wollte ich es abtun, so würde ich mir fade, halb und wohl auch ein wenig feige vorkommen.« (Erhard Eppler, Quelle wie oben, Seite 105)

2. Sonntag nach Epiphanias

Predigttext: Johannes 2,1–11
Hellmut Mönnich

Theologisch-homiletische Skizze

Was erwarten die Gottesdienstteilnehmer an diesem Sonntag in der Epiphaniaszeit vom Gottesdienst? Wer immer weiß, daß das am 6. Januar zu feiernde Fest die »Erscheinung der Herrlichkeit Gottes« zum Inhalt hat: welche Bedeutung hat das für ihn selbst? Die Epistellesung für diesen Gottesdienst, Röm. 12,4 bzw. 9–16, hat mit Epiphanias nichts zu tun. Die Evangelienlesung – unser Predigttext – schildert ein Epiphaniaswunder. Das vorgeschlagene Wochenlied »Gottes Sohn ist kommen« legt Epiphanias aus, nicht den Predigttext. Das schöne alternativ vorgeschlagene Lied »In dir ist Freude« hat weder zum Predigttext noch zu Epiphanias besonderen Bezug. Um so deutlicher bleibt zu fragen: Was möchte ich mit den Gottesdienstteilnehmern zusammen durch die Predigt entdecken, im ganzen Gottesdienst erleben?

1. Im Anfang des Johannesevangeliums wird die Einzigartigkeit Jesu, ›Josephs Sohn aus Nazareth‹, durch verschiedene deutliche Prädikate ausgedrückt, und das auffallend häufig: »Sohn, der Gott ist« 1,1–18; »Lamm Gottes« 1,29 und 1,36; »Gottes Sohn« 1,34 und 1,49; »Messias« 1,41; »der, von dem Mose im Gesetz und die Propheten geschrieben haben« 1,45. Im Predigttext setzt sich diese Kennzeichnung durch die Erzählung von einem »Zeichen« fort. »Zeichen« sind hinsichtlich ihrer Aufgabe in 20,30 f. erläutert: Sie sind »aufgeschrieben, damit ihr glaubt, daß Jesus der Christus ist, der Sohn Gottes, und damit ihr durch den Glauben in seinem Namen das Leben habt«. Diese Aufgabe der Zeichen ist im Predigttext im resümierenden Vers 11 festgehalten in zwei Feststellungen: »Damit offenbarte er seine Herrlichkeit« (d.h.: seine Göttlichkeit) und »seine Jünger glaubten an ihn«.

2. Für die Predigt bieten sich damit drei Blickpunkte an: das Wunder als Offenbarung, als »Zeichen«; die »Göttlichkeit« Jesu und schließlich deren Resonanz als Glauben der Jünger. Der erste Blickpunkt läßt möglicherweise beim Prediger wie beim Predigthörer die Frage nach der Historizität der Wasser-in Wein-Verwandlung vor alles andere treten. »Wer sie verneinen zu müssen gewiß ist, darf sich durch die kirchliche Ordnung ja nicht genötigt meinen, am heutigen Sonntag über diese Perikope zu predigen. Nicht minder deutlich ist aber zu sagen: Die Möglichkeit und Vollmacht einer evangelischen Predigt über Joh. 2,1–11 ist nicht an meine Vergewisserung über die ›Echtheit‹ der Wundererzählung gebunden!« (Doerne, Er kommt auch noch heute, 36)

Mit dem zweiten Gesichtspunkt ist das Thema des ganzen Evangeliums angeschlagen (vgl. 1,14): die Herrlichkeit, die Göttlichkeit Jesu. Die auffallende Beharrlichkeit, mit der die Göttlichkeit Jesu in den verschiedensten Wendungen ausgesprochen wird, damit die Hörer »in seinem Namen das Leben« haben, mag Hinweis darauf sein, daß die Stimme des Verfassers des 4. Evangeliums zu seiner Zeit nur eine Stimme neben mehreren anderen war, wobei jede Stimme selbst überzeugt war zu wissen, wodurch man »das Leben hat«: von den Täuferjüngern und dem Glauben an den alten Bund bis zur gnostischen Religiosität und Mysterienkulten. In diesem Pluralismus unterschiedlicher, einladender Stimmen wirbt der Verfasser unseres Evangeliums mit einiger Nüchternheit: »... Und seine Jünger« (nicht alle die, welche anwesend waren) »glauben an ihn«. Darin entspricht die Stimme des Evangeliums damals erstaunlich ihrem Ort in unserer heutigen Welt: Sie hat eine Fülle konkurrierender Stimmen neben sich, die »zum Leben« einladen, zum »richtigen«, »erfüllten«, »glücklichen«, »erfolgreichen« Leben – von wechselnder Reklame über Weltanschauungen und Philosophien bis zu Religionen. Der Verfasser des 4. Evangeliums mag an eine nicht zu vergessende Predigtaufgabe erinnern: für Gott zu werben, wie er in Jesus, Josephs Sohn aus Nazareth, erkennbar geworden ist, und zwar in Auseinandersetzung mit anderen lockenden Stimmen.

3. Der festliche Charakter der Hochzeit kann anregen zu einem festlichen Gottesdienst, in dem der oben genannte dritte Blickpunkt (der Glaube der Jünger als Resonanz) aufgenommen wird. Vielleicht indem das Lied »Unser Leben sei ein Fest« (Kirchentagsliederheft 83 Nr. 756) für den Gottesdienst ausgewählt wird (siehe dazu Gottesdienstpraxis 1978 S. 90 ff., zu unserem Predigttext). Mir persönlich ist das Thema »Unser Leben sei ein Fest« ein sympathischer und doch unerfüllbar erscheinender Wunsch. Ich möchte mir in der johanneischen Erzählung der Hochzeit wichtige Züge Jesu Christi und damit Gottes deutlich machen und die Predigthörer entdecken lassen: das Hochzeitsfest mit Jesus ist ein Zeichen, ein Bild für Leben mit Jesus Christus, mit Gott. Gott nicht oben in der Unerreichbarkeit; Gott nicht im Dunkel des Allerheiligsten im Tempel; Gott bei, neben, mit den Menschen: das ist die wunderbare Entdeckung, die Erfahrung werden will. Der vermutete Pluralismus der Stimmen hinter der Erzählung, die zu wissen behaupteten, was Leben ist, und dazu einluden, regt mich an, die entsprechenden Stimmen heute bis in Form und Inhalt der Predigt aufzunehmen. Vielleicht gelingt es dabei, fragenden Menschen Identifikationsmöglichkeiten anzubieten? Diskussion als formgebendes Element könnte aufgenommen werden. Formal soll der Predigtentwurf zweigeteilt sein: Im ersten Teil wird eine Diskussion von Teilnehmern der Hochzeit unter Aufnahme unterschiedlicher Positionen erzählt. Im zweiten Teil soll die Diskussion des ersten aufgenommen und ins Heute ausgezogen werden. Daß dieser Jesus Christus Leben ermöglicht – was heißt das heute? Die unten zu findenden Kontexte, die globale Probleme aufzeigen, können die Flucht in abhebende schöne Sätze verwehren. Wo zeigt sich Entsprechendes in den Begegnungen und Erfahrungen des Predigers, der Gottesdienstteilnehmer? Was sagt der Predigttext den Arbeitslosen in meiner Gemeinde? Der Nachbarin in ihrer Krankheit? Vor wieviel Unlösbarem stehe ich?

Zur Liturgie

Lesungen

Als Psalmlesung kann ich mir Psalm 103,1–13 denken. Im Eröffnungsgottesdienst der Vollversammlung des Ökumenischen Rates der Kirchen in Vancouver wurden von verschiedenen Mitwirkenden folgende, auch für unsere Gottesdienste denkbare Texte gelesen: Psalm 104,24.30; Joh. 1, 4,14,16; Eph. 4,4; Micha. 2.

Die *Evangelienlesung* kann ich mir nur mit einem *Präfamen* als Verstehenshilfe vorstellen, etwa:

»Um das Wunder, das Gott in dem Menschen Jesus aus Nazareth sich unter uns Menschen mischte und an unserer Seite lebte, etwas verständlicher zu machen, hat Johannes die Wundergeschichte von der Hochzeit in sein Evangelium aufgenommen. Sie soll wie ein Bild, sie soll als Zeichen verstanden werden: Jesus war unter den Menschen – aber die wenigsten haben es gemerkt. Aber die es merkten, wußten nun: Wer Jesus Christus neben sich entdeckt, erfährt Verwandlung, lernt ganz neu, was Leben ist. Jesus Christus ist die Quelle des Lebens.«

Lieder

EKG 53 (evtl. nur die Verse 1.3.4.8); 230,1–2.13; 249; 288; Kirchentagsliederheft 83, 604 Vertrauen wagen dürfen wir getrost; ebda 617 Gott erweckt zum Leben; ebda 699 Du bist da, wo Menschen leben; ebda 703 Gott liebt diese Welt; ebda 709 Jesus Christus – das Leben der Welt; 766 Weil Gott in tiefster Nacht erschienen; Gotteslob 211 Gott redet.

Kollektengebet

Gott unser Vater: Wir leben und suchen zu finden, was Leben ist. Laß uns mit deinem Sohn Jesus Christus Leben finden nach deinem Willen.

Fürbittengebet

(Auf mehrere Sprecher zu verteilen.)

Gott, unser Vater, wir möchten von dir, wir möchten an Jesus Christus leben lernen.

Es stimmt nicht, daß diese Welt und ihre Menschen dem Tod und dem Untergang geweiht sind –

wahr ist: »So sehr hat Gott die Welt geliebt, daß er seinen eingeborenen Sohn gab, auf daß alle, die an ihn glauben, nicht verloren werden, sondern das ewige Leben haben.«

Schenk uns das Vertrauen zu dir!

Es stimmt nicht, daß wir Unmenschlichkeit und Diskriminierung, Hunger und Armut, Tod und Zerstörung hinnehmen müssen –

wahr ist: »Ich bin gekommen, damit ihr das Leben und alles in Fülle haben sollt.«
Gib uns die Fähigkeit, gegen Unmenschlichkeit und Diskriminierung, gegen Hunger und Armut, gegen die Zerstörung des Lebens anzugehen.

Es stimmt nicht, daß Gewalt und Haß das letzte Wort haben müssen und daß Krieg und Zerstörung immer bleiben werden –

wahr ist: »Uns ist ein Kind geboren, ein Sohn ist uns gegeben, und die Herrschaft ruht auf seiner Schulter; und er heißt Wunder-Rat, Gott-Held, Ewig-Vater, Friede-Fürst.«
Erhalte uns die Hoffnung, daß deine, unsere Welt nicht in Gewalt und Haß versinkt, daß du als Gott des Lebens die Todesmächte überwindest.

Es stimmt nicht, daß wir den Mächten des Bösen, die die Welt zu beherrschen suchen, ausgeliefert sind –

wahr ist: »Mir ist alle Macht gegeben im Himmel und auf Erden; und siehe, ich bin bei euch alle Tage bis an der Welt Ende.«
Laß uns sicher sein, daß wir nicht den Mächten des Bösen ausgeliefert, sondern in deiner Hand geborgen sind.

Es stimmt nicht, daß wir auf die besonders Begnadeten, die Propheten der Kirche, warten müssen, bevor wir irgend etwas unternehmen können –

wahr ist: »Ich will meinen Geist ausgießen über alles Fleisch, und eure Söhne und Töchter sollen weissagen, eure Alten sollen Träume haben ...«
Schenk uns deinen Geist.

Es stimmt nicht, daß unsere Träume von der Befreiung der Menschheit, von Gerechtigkeit, Menschenwürde und vom Frieden nicht für diese Zeit und diese Welt gelten –

wahr ist: »Es kommt die Zeit und ist schon jetzt, daß die wahrhaftigen Anbeter werden den Vater anbeten im Geist und in der Wahrheit.«
Laß uns erkennen und danach leben, daß Jesus Christus der Welt Leben bringt.
(Nach Formulierungen von Allan Boesak in Vancouver.)

Predigt
Als die Hochzeit vorbei war und am nächsten Tag wieder aufgeräumt wurde, richtete sich einer, der auch mit auf der Hochzeit gewesen war,

plötzlich auf und sagte: »Mir ist immer noch, als ginge die Hochzeit weiter. Ich verstehe das gar nicht! Und ich sehe immer noch Jesus vor mir, den aus Nazareth.« Einen Moment sah er nur vor sich hin, so, als gäbe es seine beiden Zuhörer gar nicht, und dann sprach er wie zu sich selbst weiter: »Es war ja auch ein wunderschönes Fest! Sich satt essen; trinken; reden; lachen; zuhören; einfach sich freuen dabeizusein, sich freuen zu leben!« Als nun die beiden anderen wie selbstverständlich zustimmend nickten und mit den Händen bekräftigend gestikulierten, schüttelte er den Kopf: »Das hat etwas mit mir zu tun und mit Jesus! Ich meine, daß ich heute so viel Lebensfreude habe, daß mir gar nicht mehr alles so bedrükkend vorkommt. Ich habe oft so viel Angst. Vor allem, was kommen mag. Manches läßt mich gar nicht richtig los, verfolgt mich bis in meine Träume. Seit gestern fühle ich mich wie erleichtert. Und ich bringe das mit Jesus in Verbindung.« –
»Du immer mit deiner Zukunftsangst!« antwortet jetzt einer der beiden anderen, der auch mit dem Aufräumen aufgehört hatte, »ich habe dir das ja immer schon gesagt: Du mußt dir nicht so viele Sorgen machen! Immer rumgrübeln! Freu dich doch mal am Leben! Freu dich, wenn du schön essen und trinken kanst! Genieße das Leben doch mal! Du bringst Dich ja um Dein Leben! Nimm Dein Leben doch mal in die Hand! Tu was Ordentliches! Immer diese bedrückte Stimmung! Tu was! Dann wirst Du schon merken: Wenn Du was zustande gebracht hast, fühlst Du Dich glücklich! Und Du weißt doch auch: Hast du was, dann bist Du was!«
Neben den beiden stand noch ein Dritter, der zuerst nur hochgeguckt hatte, dann, beim Zuhören, sichtbar den Kopf schüttelte: »Ich verstehe euch nicht!« Und dann zu dem gewandt, der zuletzt gesprochen hatte: »Du mit Deinem ewigen Machen! Du machst Dir doch was vor! Muß man nicht hinter die Dinge zu sehen versuchen? Zu durchschauen versuchen, was uns so im Leben begegnet? Seitdem ich mich darum bemühe, ist mir vieles klar geworden: Die Macher zum Beispiel, die immer aktiven: die überspielen doch ihre Angst, ihre Leere durch Geschäftigkeit! Man muß alles zu durchschauen versuchen, mit dem Verstand, mit nüchternem Denken analysieren – dann versteht man die Welt, weiß man, wie alles abläuft und sich verhält. Und das macht frei von Angst. Und wer das versucht, lebt glücklich!«
»Was Du da sagst«, anwortet ihm der erste, »leuchtet mir ja zum großen Teil auch ein. Ich bin aber immer noch bei dem, was ich gestern erlebt habe. Ich saß da, wo Jesus mit seinen Freunden saß. Konnte hören, was er sprach. Sah mir die Gesichter an. Und wie ich da so saß und zuhörte, merkte ich auf einmal, wie sich meine Stimmung veränderte: Ich war etwas mutlos hingekommen. In seiner Nähe sah alles ganz anders aus. Wie verwandelt fühlte ich mich. Vielleicht hängt das damit zusammen,

daß mir etwas aufgegangen ist über das Leben, über mein Leben! Es fällt mir schwer, Euch das richtig zu beschreiben: Ich habe plötzlich gedacht: Mit diesem Jesus möchte ich zusammen sein, leben. Das ganze Hochzeitsfest kam mir mit einemmal wie ein Gleichnis vor, wie so ein Zeichen für das Leben mit Jesus. Und dann hatte ich einen ganz merkwürdigen Gedanken: sich so wohlfühlen, so wie ein Kind zu Hause fühlen: das ist ja wie schon im Paradies, wie bei Gott. Wie im Traum kam ich mir vor bei Jesus. Er saß ganz nahe bei mir. Ich war glücklich, wie geborgen, ohne meine Angst, – Und so fühle ich mich jetzt immer noch!«
Ich kann mir die Menschen damals gut vorstellen, und ich sehe sie, als hätten sie Züge, die ich auch selbst habe: ... Angst vor der Zukunft (Atomwaffenrüstung); ... Grübeln; haben wollen; machen. Ich sehe die Tochter eines arbeitslosen und hoffnungslosen Vaters in meinem Konfirmandenunterricht vor mir; ich komme bewegt von einem Besuch im Krankenhaus zurück; ich spreche mit einem Schüler, der ein ganz mieses Abschlußzeugnis bekommt. ...
Hier kann sich jeder Prediger nur mit seinem eigenen Erleben, seinen Erfahrungen, Fragen, Verlegenheiten, seiner Ratlosigkeit einbringen.

Schluß
Angesichts meines eigenen Erlebens wird die Erzählung des Johannes für mich einladend. Auf Jesus Christus weist er mich: Er ist es, der zum Leben einlädt, er ist Lebensbringer. Ich sage mir dann auch: Das klingt wie eine bloße Behauptung. Und deshalb fragt sich jetzt vielleicht jemand: Wie denn – wie denn ist Jesus für mich und mein Leben? Darauf kann ich nur noch mit einem Bild antworten, einem Bild, das ich in Südtirol in Taisten im Pustertal sah: Man sieht den am Kreuz Hängenden . Die Hände angenagelt. Aber – links und rechts unter den Enden des Querbalkens andere Hände, die mitten in diesem Kreuzigungsgeschehen halten, tragen, auffangen – die Hände Gottes. Johannes lädt mich mit seiner Hochzeitserzählung ein, in Jesus Christus, in diesem Stellvertreter Gottes die Kraft, die Quelle des Lebens, auch des Überlebens zu erkennen.
Und ich lasse mich gern zu solchem Glauben einladen und meine dabei, daß wir immer noch ein Fest vor uns haben; daß wir bei aller Leid- und Freuderfahrung immer noch auf ein Fest zugehen – auf das Fest des Lebens Gottes mit uns. Und erst dann wird die Freude reine Freude sein können und durch nichts mehr getrübt.
Erst dann – aber dann wirklich.

Kontexte
Jesus Christus – das Leben der Welt! Diese Worte verheißen Freude, Sinn, Hoff-

nung. Für einige bedeuten sie sogar Triumph und Sieg. Diese Worte klingen nach Sicherheit. Doch: was bedeuten sie in dieser unsicheren Welt des Leidens, der Unterdrückung und des Todes? Die Wirklichkeit der Welt, in der wir leben, läßt eher die kalte Hand des Todes als die Freiheit des Lebens spüren.
Gewalt, Habgier und dämonische Verzerrung der menschlichen Werte zerstören weiterhin Gottes Volk und Welt. Die wirtschaftliche Ausbeutung nimmt eher zu als ab, und die Beziehungen zwischen armen und reichen Ländern werden noch immer von wirtschaftlicher Ungerechtigkeit geprägt. Der Rassismus wuchert wie eh und je – nicht nur in Südafrika, sondern auch in anderen Teilen der Welt. Verbunden mit Ideologien der nationalen Sicherheit hat er neuerdings den Deckmantel der Respektabilität angezogen und ist noch allgegenwärtiger geworden. In Südafrika üben Apartheid und Ungerechtigkeit nach wie vor ihre uneingeschränkte Herrschaft aus. Ungleichheit wird noch immer vom Gesetz sanktioniert und die rassische Überlegenheit durch Theologie gerechtfertigt. Angesichts der eklatanten Unterstützung durch so viele westliche Regierungen erscheint die Apartheid heute stärker und der Traum der südafrikanischen Schwarzen von Gerechtigkeit und Menschenwürde weiter entfernt denn je. In unserer Welt ist es nicht der freudige, hoffnungsvolle Klang des Wortes des Lebens, den wir hören. Nein, dieses Wort wird vom Lärm der Kanonen, vom Schrei unserer Kinder und dem endlosen Aufschrei der Machtlosen »Wie lange noch, o Herr?« verschluckt.
Gegenüber den Strukturen der politischen, wirtschaftlichen und militärischen Macht, die diese Welt zu regieren suchen, bleibt die Kirche schwach und gewissermaßen ohne Verteidigung. Doch nimmt sie diesen Standpunkt ein, weil sie sich weigert zu glauben, daß die Mächte der Unterdrückung, des Todes und der Zerstörung das letzte Wort haben werden. Auch wenn sie diesen Mächten gegenübersteht, glaubt die Kirche weiterhin, daß Jesus Christus der Herr und daher das Leben der Welt ist. Und es ist dieses Vertrauen auf den Lebendigen, diese Weigerung, sich den Todesgötzen zu beugen, die die Stärke der Kirche ausmachen.
(Allan Boesak, Einführung in das Thema »JESUS CHRISTUS – DAS LEBEN DER WELT«, 6. ÖRK-Vollversammlung Vancouver 1983, Epd-Dokumentation)

Christus ist gekommen, damit alle »Leben in Fülle haben«, aber die absolute Verarmung, die innerhalb einer technologisch entwickelten Welt ein Verbrechen ist, zerstört Menschen physisch, geistig, psychisch und auch religiös, weil sie die Hoffnung vergiftet und den Glauben zu einer Fratze, zu einer ohnmächtigen Apathie macht. Zwischen Christus, der die Fülle des Lebens für alle bedeutet, und den Verarmten schiebt sich die Ausbeutung als die Sünde der Reichen, die versuchen, das Versprechen Christi zu zerstören. Christus sagt im Johannesevangelium im Zusammenhang mit der »Fülle des Lebens«: »Ich bin die Tür. Wer durch mich hineingeht, wird gerettet werden, und er wird ein- und ausgehen und Weide finden. Der Dieb kommt nur, um zu stehlen und zu töten und zu verderben. Ich bin gekommen, damit sie Leben haben und es in Fülle haben.«
Leben in seiner Fülle ist in der absoluten erzwungenen Armut unmöglich. Aber auch innerhalb der ersten reichen Welt gibt es wenig erfülltes Leben und statt dessen eine sich immer weiter ausbreitende innere Leere. Nicht materielle Verelendung, sondern psychische Leere schiebt sich hier zwischen Christus und die

Mittelklasse der ersten Welt. Das sinnlose Leben, von vielen sensiblen einzelnen seit dem Beginn der Industrialisierung wahrgenommen, ist heute eine Massenerfahrung der Menschen in der ersten Welt: nichts freut, nichts schmerzt sie tief, die Beziehungen zu anderen sind oberflächlich und austauschbar, die Hoffnungen und Wünsche reichen gerade noch bis zur nächsten Urlaubsreise. Die Arbeit der meisten ist unbefriedigend, sinnlos und langweilig. Wir sind von Gott als arbeits- und liebensfähige Männer und Frauen geschaffen worden. In unserer Arbeit und in unserer Sexualität, im weitesten Sinn des Wortes nehmen wir an der Schöpfung teil; Fülle des Lebens bedeutet auch, ein arbeitender und ein liebender Mensch zu werden. Das Leben der meisten in der ersten Welt gleicht aber eher einem gestreckten Tod, der viele Jahre andauern kann. Es ist schmerzfrei, es gibt ja genug Pillen; es ist gefühlsfrei: »sei nicht so emotional« ist in unserer Sprache ein Schimpfwort; es ist gnadenlos, weil das Leben als selbsterarbeitet angesehen wird und nicht als Geschenk des Schöpfers; es ist ein Leben ohne Seele in einer Welt, die alles in Tauschwerten ausrechnet; nichts ist in sich selber schön und glückversprechend, es zählt nur, was man dafür bekommt. Wir sind leer und gleichzeitig angefüllt mit überflüssigen Waren und Gütern. Es besteht eine seltsame Beziehung zwischen den vielen Dingen, die wir besitzen und konsumieren, und der Leere unseres wirklichen Daseins.
(Dorothee Sölle, Plenarreferat »LEBEN IN SEINER FÜLLE«, 6. ÖRK-Vollversammlung Vancouver 1983, epd-Dokumentation)

Letzter Sonntag nach Epiphanias

Predigttext: Matthäus 17,1–9
Wolfgang Lück

Theologisch-homiletische Skizze

Beim ersten Lesen fand ich zwei Sätze interessant: »Hier ist für uns gut sein! Willst Du, so wollen wir hier drei Hütten machen, dir eine, Mose eine und Elia eine.« Volkstümlich ist daraus geworden: »Hier ist gut sein, hier laßt uns Hütten bauen.« Überhaupt die Redewendung »Hütten bauen« stammt von dieser Bibelstelle her. Der andere Satz ist: »Dies ist mein lieber Sohn, an welchem ich Wohlgefallen habe; den sollt ihr hören!« Das erinnert an die Taufe Jesu. Als Theologe geht mir durch den Kopf: Das ist die Adoptionsformel in abgewandelter Form, diesmal an die Jünger gerichtet. Jesus wird legitimiert. Zwei Themen sind für mich damit angesprochen: »Hier ist gut sein« und »Den sollt ihr hören«.
Die Exegese liefert mir als Stichwort, daß es sich hier um eine ursprüngliche Ostergeschichte handelt, ein eschatologisches Beglaubigungszeichen. Beglaubigt wird, daß trotz aller äußeren Anzeichen von Tod und Untergang (Tod und Untergang Johannes des Täufers, Kreuzigung Jesu) diese Geschichte eine Geschichte Gottes ist und damit letztendlich nur heilvoll enden kann. Von Harmannus Obendiek (in: Georg Eichholz, Herr, tue meine Lippen auf Bd. 1 Wuppertal-Barmen 7. Aufl. 1964, S. 73–77) lerne ich, daß das Verhalten des Petrus in der Geschichte und seine Zurückweisung dem paulinischen »Noch-Nicht« entspricht. Noch kann nicht das ewige Laubhüttenfest gefeiert werden. Siegfried Schmutzler (GPM 1972/73, S. 100–106) verweist mich auf den Kontext bei Matthäus. Die Geschichte steht zwischen zwei Leidensweissagungen. Damit ist eine Aussage der Geschichte deutlich geworden. Dieser Weg der Niedrigkeit ist in Wirklichkeit der Herrlichkeitsweg Gottes. Nur ist das meistens verborgen. Von Zeit zu Zeit leuchtet davon etwas auf. Solche Punkte sind wie Oasen in der Wüstenwanderung. Gewiß schildert die Geschichte mit ihrem Kontext zunächst den Weg Jesu. Aber weist das menschlich-allzumenschliche Verhalten des Petrus angesichts der Leidensweissagung (Mt. 16,21) mit seinem »Herr, das verhüte Gott!« nicht auf die Möglichkeit einer Verallgemeinerung? Auch Jesu Antwort in den folgenden Versen ist mehr als eine Antwort an Petrus: »Will mir jemand nachfolgen, der verleugne sich selbst ... Denn wer sein Leben erhalten will ... Was hülfe es den Menschen, wenn er die ganze Welt gewönne? ...« (Mt. 16,24–26). Dasselbe gilt von den Aussagen über den Kleinglauben im Zusammenhang mit der an die Verklärungspassage anschließenden Heilung des Mondsüchtigen: »Wenn ihr Glauben habt wie ein Senfkorn, ...

und euch wird nichts unmöglich sein« (Mt. 17,20). Woher kommt solcher Glaube? Er kommt allein aus dem Hören auf Jesus (»den sollt ihr hören«). Vom Kirchenjahr her bekommt für mich das »Fürchtet euch nicht« (Vers 7) eine besondere Bedeutung. Am Ende der Weihnachtszeit (das ist die Epiphaniaszeit ja noch) klingt noch einmal dieses Wort der Engel aus der Weihnachtsgeschichte an. Damit könnte eine Brücke geschlagen sein zu unserer alltäglichen Erfahrung: An Weihnachten leuchtet für uns etwas von Frieden und Freude auf, was im übrigen Jahr hinter den Alltagserfahrungen verborgen ist. So, denke ich, könnte diese Geschichte eine Aufforderung sein, den Oasen, den hellen Punkten, den Punkten, wo wir sagen »hier ist gut sein«, nachzuspüren auf unseren Wüstenwanderungen, unseren Wegen durchs dunkle Tal und in unseren Aussichtslosigkeiten. Und auf die Frage »Wo nehmen wir den Stern her?« wäre dann zu antworten: »Hört auf ihn!« Ich denke, daß sich in solchen Überlegungen jede Gemeinde wiederfinden kann; sind doch unter den Gottesdienstbesuchern oft die vertreten, die ihre Erfahrungen mit dem Leid des Lebens gemacht haben. Trost und »Auferbauung« tun hier gut.

Vorschläge zur Liturgie

Das Proprium des letzten Sonntags nach Epiphanias ist gekennzeichnet von zwei Akzenten: 1. Gott offenbart sich. 2. Menschen reden im Namen Gottes. Folgende Texte gehören dazu: 2. Pt. 1,16–21 (Nimmt ausdrücklich Bezug auf Mt. 17,1–9, ist deshalb als Epistellesung zu empfehlen), 2. Kor. 3,12–18 (Die Herrlichkeit des Herrn spiegelt sich auf dem Angesicht der Christen), Joh. 5,39–47 (Jesus: Ich bin gekommen in meines Vaters Namen – geeignet als Evangeliumslesung), 2. Mose 3,1–6 (der brennende Dornbusch). Als erste Andeutung für das Hütten-Bauen kann Ps. 84,2–5 und 11–13 im *Eingangs-Wort* gelten.

Sündenbekenntnis:
Herr, unser Gott, vor dir bekennen wir, wie sehr wir nur das Schlechte, das Bedrohliche, das Angstmachende in dieser Welt sehen. Selten hoffen wir auf deine Hilfe. Stumm bleibt unser Mund, wenn es dich zu preisen gilt. Herr, unser Gott, das ist nicht nur ungerecht gegen dich, sondern auch unser eigenes Leben wird dadurch bitter und traurig überschattet. Wir bitten dich: Mach uns frei von aller alltäglichen Sorge um uns und um unsere Zukunft. Herr, erbarme dich unser!
Gnadenwort:
Ps. 145,18 und 19.

Kollektengebet:
Du hast uns geschaffen, Gott, nicht damit wir uns quälen, in Trauer und Verzweiflung vergehen, sondern damit wir zusammen mit dir diese Welt gestalten und eine Heimstatt finden. Laß dein Wort immer wieder neu zu uns dringen, damit wir dein Ziel nicht vergessen. Amen.

Fürbitte:

Gott, deine Geschöpfe sind wir; du hast uns auf den Weg des Lebens gebracht. So sei denn mit uns, laß uns nicht verzagen auf den dunklen Strecken des Weges. Gib uns Ruhepunkte, die uns deines Heiles vergewissern. In deine Hände befehlen wir die, denen vor der Zukunft graut. Wir denken heute besonders an die Menschen, die Angst haben, daß sie vielleicht zu einem Pflegefall werden könnten. Und wir denken an die, die keine Aussicht auf eine Arbeitsstelle mehr haben. Wir denken an die, die mit dem Zeitpunkt ihrer Pensionierung keinen Sinn mehr in ihrem Leben sehen können. Wir denken an diejenigen, die Angst haben vor einem möglichen Krieg und vor der fortschreitenden Zerstörung unserer natürlichen Umwelt. Sei mit ihnen und sei mit uns allen, Gott. Laß uns gewiß sein, daß wir nicht allein gehen, sondern daß du bei uns bist und am Ende Herr aller Geschichte bleibst. Amen.

Liedvorschläge:

Manchmal kennen wir Gottes Willen (»Singe Christenheit« Nr. 667) / EKG 46,1–4 (Wochenlied) / Gott liebt diese Welt (»Singe Christenheit« Nr. 755, 1–6) oder Wo nehmen wir den Stern her? (»In dieser Nacht« Bosse-Verlag 1972, S. 11) / EKG 53,8.

Wo nehmen wir den Stern her? Uns lenken rote Ampeln. Wo nehmen wir den Stern her, der die Weisen wies? Ich, spricht der Herr, leuchte eurem Weg.

Wo nehmen wir den Himmel her? Wir wohnen zwischen Steinen. Wo nehmen wir den Himmel her, der den Hirten sang? Ich, spricht der Herr, wohne unter euch. Ich, spricht der Herr, wohne unter euch.

Wo nehmen wir das Wunder her? Wir kennen alle Preise. Wo nehmen wir das Wunder her, das die Nacht gebar? Ich, spricht der Herr, mache alles neu. Ich, spricht der Herr, mache alles neu.

Vorschläge für die Predigt

Ich beginne diesmal nicht mit der Verlesung des Textes. Er kommt erst nach der ersten Hälfte der Predigt zu Wort. Mein Einstieg ist ein konkretes Ereignis, das in dieser Weise mit dem Erscheinen dieses Bandes der »Gottesdienstpraxis« sicher schon nicht mehr in aller Gedächtnis ist, aber vielleicht dennoch erzählt werden kann:

»Sie haben wahrscheinlich verfolgt, wie in den letzten Wochen an verschiedenen Orten Menschen für Frieden und Abrüstung gehungert haben. Aus verschiedenen Ländern kamen die, die da in Bonn und anderen Städten der Welt in den Hungerstreik getreten waren. Bei einigen wurde dieses Hungern bereits lebensgefährlich. So drangen Kirchenleute mit

bekannten Namen und Schriftsteller in die Hungernden, daß sie ihre Aktion beenden sollten. Dem Frieden sei nicht mit toten Menschen gedient, sondern nur mit lebenden. Einige der Hungernden entgegneten: »Wenn wir heute sterben, dann wissen wir, daß wir für eine gute und gerechte Sache sterben. Sterben aber werden wir sowieso innerhalb der nächsten zwei Jahre. Dann aber wird die Bombe unserem Leben ein Ende bereitet haben. Da möchten wir schon lieber jetzt freiwillig und für eine gute Sache sterben.« Ich war erschüttert von so starker und tiefer Überzeugung, daß letztlich das Leid und der Tod in dieser Welt den Sieg behalten werden. Welche Verzweiflung und trostlose Aussichtslosigkeit sprach aus solchem Denken!« –
Ich könnte mir auch einen anderen Anfang vorstellen, in dem die erste Hälfte jeweils der Verse des Liedes »Wo nehmen wir den Stern?« genommen wird. Am Ende der Weihnachtszeit – für die meisten hat schon wieder der graue Alltag begonnen – fragen wir uns: Was bleibt denn nun von diesem Fest, von dem hellen Schein, von dem »fürchtet euch nicht«, von dem Frieden? Wo nehmen *wir* den Stern her?
Uns lenken rote Ampeln. Wo nehmen *wir* den Himmel her? Wir wohnen zwischen Steinen. Wo nehmen *wir* das Wunder her? Wir kenne alle Preise.

Zum weiteren Verlauf:
Angst, Überzeugung von der Macht des Bösen, das Kreuz können übermächtig werden. Jesus: In der Welt habt ihr Angst ... Ich denke daran, wie meine jüngste Tochter, als sie noch klein war, manchmal sagen konnte: Nichts kann mich trösten. Das hieß: Mein Schmerz ist zu groß. Es gibt keine Möglichkeit des Trostes ... Hier könnte man den Kindervers problematisieren: »Heile, heile Gänschen, es wird schon wieder gut; heile, heile Mausespeck, in hundert Jahren ist alles weg«. Wie oft trösten wir Kinder so: »Es wird schon wieder werden.« Wie oft sagen wir das zu Kranken: »Es wird wieder gut.« Wie oft sagen wir das zu uns selbst, wenn wir die Statistik der Unfälle lesen: »Es wird schon nicht so schlimm werden.« ... Es ist zu fragen, ob das nicht leichtfertig sei angesichts von Atomdrohung (für die Welt), Krebs (für den einzelnen), Arbeitslosigkeit (besonders für den älteren Arbeitnehmer) usw. ... Wird nicht endlich doch das Böse siegen?
Hier sollte ein kurzer Exkurs über diese Frage in der Bibel eingeschoben werden: Es gibt sehr, sehr viele Geschichten, die kein Happyend haben. Auch die Bibel beweist nicht, daß alles gut wird. Sie setzt dem Glauben an das böse Ende lediglich den Glaubenssatz an ein gutes Ende entgegen: Die Auferstehung ist geglaubt, die Auferstehung Jesu genauso wie die Auferstehung am jüngsten Tag! Zur Untermauerung oder Veranschaulichung dieses Glaubenssatzes jedoch werden immer wieder Hoffnungs-

geschichten erzählt, die wie Oasen auf dem Weg durch die Wüste sind. Eine solche Geschichte ist der heutige Predigttext. Die darin erzählte Geschichte ist umgeben von Leidensgeschichten: Jesu Leidensankündigung steht voran und folgt ihr auch sogleich wieder. Textverlesung. Daran schließt sich eine kleine Würdigung der Geschichte an. Zu erwähnen ist, daß das Wort vom Hütten-Bauen hierher stammt. Was drückt das eigentlich aus? Wörtlich: »Wenn Sie einmal an sich denken und an Ihr Leben ... (kleine Pause) ... gab es da nicht auch immer wieder solche Momente, wo Sie sagen konnten ›Hier ist gut sein?‹ ... (kleine Pause) ...«. Dem Hörer sollte deutlich werden, daß das Leben nicht nur Leid und Böses enthält. Auch das Gute gehört dazu. Vielleicht kann man im Anschluß an Goethes Wort »Werd ich zum Augenblicke sagen: Verweile doch, du bist so schön« auf die grundsätzliche Skepsis gegenüber den guten Augenblicken zu sprechen kommen. Glückliche Momente vergehen. Auch Petrus kommt nicht zu seinen Hütten. Stattdessen hören die Jünger den Hinweis auf Jesus und Jesu Wort »Fürchtet euch nicht«. Das ist ein wichtiger Punkt: Es kommt darauf an, wie man mit der Erfahrung, daß die guten Augenblicke vergehen, umgeht. Werde ich traurig und verfluche ich mein Schicksal? Oder begreife ich, daß das, was mir da so kurz geschehen ist, eben ein Hinweis ist, ein Angeld auf eine Zukunft, auf das Ziel Gottes mit mir in dieser Welt? »Das ist mein lieber Sohn, den sollt ihr hören« und »Fürchtet euch nicht« – beide Sätze lassen nur die letzte Möglichkeit zu: Begreift die Oasen als Hinweis auf die gute Zukunft Gottes.
Hier kann man etwas ausweiten: Nirgends in der Bibel wird bei aller Schilderung von Leid, Kreuz und Tod der Schluß gezogen, daß deshalb das Böse letztendlich den Sieg davontragen wird. Von Jesus wird erzählt: Er heilte Kranke und erzählte die Geschichten von der Freude über Wiedergefundenes. Wieder und wieder taucht dieser Satz auf: »Fürchtet euch nicht«. Hier kann man hinweisen auf die letzten Seiten der Bibel mit Offb. 21 und dem Abwischen aller Tränen durch Gott selbst.
»Wenn wir auf Jesus hören, wenn wir das bedenken, was wir von der Bibel wissen, wie können und müssen wir dann über die Probleme unserer Zeit denken, über die Frage unseres persönlichen Lebens? Wie würde Jesus zu unserem persönlichen Leid sprechen? Was würde er zu meiner Traurigkeit und meiner Angst sagen? Welchen Kommentar gäbe er, erführe er von unserer Besorgnis und Angst angesichts der Raketenbedrohung und der Atombombe? Was hörten wir von ihm wohl zum Waldsterben und zu all den anderen angstmachenden Problemen? Ja, wir sollten prüfen, was denn wohl seine Antwort auf unsere Fragen wäre. So heißt es in der Geschichte: Dies ist mein lieber Sohn, an welchem ich Wohlgefallen habe; den sollt ihr hören! Den sollt ihr hören! Martin Luther hat im Blick auf das, ›was Christum treibet‹ zu seiner Zeit gültige Ant-

worten gefunden. Wir sind nicht schlechter dran. Auch wir können als Menschen, die etwas von Jesus wissen, sagen, was wir von ihm zu unserem Leben und unseren Problemen hören. Ich bin sicher, daß so manche Not dann auch bei uns gewendet würde, wenn wir weniger auf uns als auf IHN hörten. Amen.«

Kontext

Helmut Schmidt, »Fürchtet Euch nicht«

»Es gibt auch bisher keinen mich überzeugenden Grund, heute mehr Angst zu haben als zu irgendeinem Zeitpunkt seit Beginn des Atomzeitalters. Die heutige Angst ist irrational – sie sitzt in unserer Seele, sie kommt nicht aus der Ratio. Aber Ratio kann helfen, sie zu überwinden. Die Vernunft zeigt uns Wege, auf denen die Bundesrepublik Deutschland, ihre Regierung und ihre Menschen helfen können, Ost und West zum gegenseitigen Verstehen-Wollen, zur Zusammenarbeit zu bewegen: abrüstungspolitisch, wirtschaftlich und kulturell. Wege auch, auf denen wir Europäer gemeinsam mit Nordamerika, mit Japan, mit den Ölstaaten und den Nicht-Ölstaaten der Dritten Welt die Strukturkrise der Weltwirtschaft überwinden können.

Vorbilder? Für mich bleibt Anwar el-Sadat ein Vorbild. Kein Pazifist, kein Mann einseitigen Rüstungsverzichts, vielmehr ein Soldat – aber ein Friedensmacher.

Gelassenheit? Für mich ergibt sie sich aus der Übereinstimmung des eigenen Handelns mit den eigenen Grundwerten, daß heißt: aus der Treue. Aber um ganz ehrlich und ganz vollständig zu sein: Seit mehr als vierzig Jahren habe ich immer gewußt, daß wir zwar unsere Kräfte voll anstrengen müssen, daß aber über den Ausgang ein anderer entscheidet: Gott bleibt der Herr der Geschichte.«

(Die Zeit, Nr. 52/38, Jg. 1983, S. 1)

Septuagesimä

Predigttext: Matthäus 20,1–16a
Wolfgang Adam

Theologisch-homiletische Skizze

Unter der Vielzahl anklingender Aspekte und möglicher Schwerpunktssetzungen möchte ich besonders das Ergebnis der Exegese von W. Stegmann* aufgreifen. Wie sich aus dem Kontext von Mt. 20 ergibt, geht es im Gleichnis um die Behandlung der später zum Glauben gekommenen Christen (eschatoi), die nicht mehr die sozialen Benachteiligungen der früheren Generationen (protoi) zu erdulden hatten. Gegenüber der Unbegreiflichkeit, daß alle den gleichen Lohn erhalten, führt das Gleichnis in seiner Pointe Gottes Güte an.

Entsprechend soll das Ziel des Gottesdienstes sein, zur Güte zu ermutigen als einer unser Verhältnis zu Gott, zum Mitmenschen und uns selbst aufschließenden, erhellenden, wenn auch nicht unproblematischen Lebenssicht und Verhaltensweise. Da es weniger das Leben selbst ist, das uns beunruhigt, als vielmehr die Meinungen, die wir über Gott, den Nächsten und uns selbst haben, scheint es mir lohnend, die Perspektive des Gleichnisses aufzugreifen und auf einigen Ebenen durchzuspielen. Dabei ist mir auch ein weiterer Gesichtspunkt des Gleichnisses wichtig, der aus dem Kontext des Lebens Jesu erschlossen werden kann. Danach stellt das Gleichnis die zur Zeit Jesu im Blickpunkt auf das Verhältnis Gott – Mensch geglaubte und praktizierte Leistungslohnvorstellung in Frage. Ich möchte diesen Gesichtspunkt aufgreifen, weil ich meine, auch heute gehen viele in einer etwas abgewandelten Weise von einer Weltdeutung der Verrechenbarkeit des Lebens aus und damit verbunden von Forderungen und Ansprüchen ans Leben, an ihre Mitmenschen, manchmal auch an sich selbst und darin alles in allem an Gott. Viele scheinen auch heute bewegt zu sein von dem Wunsch nach Harmonisierung der Widersprüche des Lebens. Gerechtigkeit, dieses Wort und auch die mit ihr gemeinte Sache üben eine große Faszination auf uns alle aus. Oft freilich wird Gerechtigkeit lediglich begriffen in mathematisch-naturwissenschaftlichen Kategorien und weniger im Sinne »einer Sache, einem Menschen, dem Leben gerecht werden«. Und oft verbergen sich hinter Gerechtigkeitsforderungen nur pure Selbstsucht. Das Gleichnis korrigiert die »flache« Weltdeutung der Verrechenbarkeit des Lebens und das Harmoniebedürfnis ebenso wie das eindimensionale Gerechtigkeitsverständnis. Es bietet Güte als tiefere Verstehensmöglichkeit an.

---

* Gottesdienstpraxis, 1. Perikopenreihe, Ergänzungsband Exegesen, Gütersloh 1984.

Liturgische Vorschläge
Psalm 67

Aufforderung zum Bittruf
Wir wünschen einander Glück und Gottes Segen, / manchmal bei feierlichen Anlässen. / Nicht selten ertappen wir uns dabei, / daß wir anderen ihr Glück nicht gönnen. / Wir geben das zu / und bitten Gott um Erbarmen.

Aufforderung zum Lobpreis
»Gott läßt seine Sonne scheinen / über die Bösen und über die Guten, / er läßt regnen über Gerechte und Ungerechte.« / Sein Segen gilt allen. / Wir wollen Gott danken, alle zusammen:
(Aus: Agende I, Ergänzungen. Erarbeitet von der Liturgischen Kammer, herausgegeben vom Landeskirchenamt der Evangelischen Landeskirche von Kurhessen-Waldeck 1979)

Kollektengebet
Wir danken dir, weil wir leben morgen wie heute, wie wir gestern und alle Tage gelebt haben von deiner Güte, Gott, von dieser Erde, Brot und Licht, von den Menschen um uns: Wir danken dir, weil wir leben hier und jetzt, zuweilen mühsam und manchmal voller Freude. Wir bitten dich, tu uns Herz, Augen und Ohren auf für dein Wort, für Jesus Christus, in dem all deine Menschlichkeit erschienen ist.
(Nach: Huub Oosterhuis, Ganz nahe ist dein Wort, Freistadt 1969, S. 44)

Alternativer Eingang
Psalm
Freut euch über Gott, / er meint es gut. / Er richtet Bedrückte auf, / läßt Wunder heilen. / Unbegreiflich, wie er wirkt: / Das stolze Aufgebot an Macht – / ihn beeindruckt es nicht; / das Rechnen mit Leistung / findet keinen Anklang bei ihm. / Er wendet sich denen zu, / die auf Güte warten. / Sein Weg bringt Menschen zum Wundern; / sein Wort läßt die Welt nicht in Ruhe. / Freut euch über Gott, / singt fröhliche Lieder. (nach Psalm 147)
(Aus: Barth, Grenz, Horst: Gottesdienst menschlich 2, Wuppertal 1980)

Aufforderung zum Bittruf
Oft schreien wir nach Gerechtigkeit und meinen unseren Vorteil. Von Güte wollen wir nichts wissen, nur Leistung soll zählen. Und doch wissen wir, das Beste im Leben läßt sich nicht erzwingen.
Darum rufen wir:

Aufforderung zum Bittruf
Es ist ärgerlich und tröstlich zugleich. Gott läßt seine Sonne aufgehen über die Bösen und die Guten und läßt regnen über Gerechte und Ungerechte. Wer will da nicht mit einstimmen?

Kollektengebet
Zu dir und zu uns selbst wollen wir kommen, guter Gott. Versuchen möchten wir, unsere Bestimmung zu finden, und dem Leben die Bestimmung geben, die ihm zukommt. Laß deine Wahrheit alles durchdringen, was uns den Blick verstellt für die Bedeutung, die uns in Christus gegeben ist.

Lesungen
Jeremia 9,22+23; Römer 9,14–16

Lieder
EKG 385, 242, 339, 171.

Fürbitte
Wir danken dir, Herr, denn du bist freundlich und deine Güte währet ewiglich.

Wir danken für alle Güte, die uns begegnet, für jeden neuen Tag, den wir erleben, für Brot und Wasser, von dem wir leben, für jedes gute Wort, das uns stärkt, für Freundlichkeit, die uns gelingt, für Freude, die in uns lebt.

Wir danken dir, Herr, denn du bist freundlich und deine Güte währet ewiglich.

Im Dank verblassen die Sorgen, die auch da sind. Wir werden empfänglicher für deine Güte im Alltag: ausgelassene Kinder, ungezwungene Jugendliche, verliebte Paare, verantwortungsbewußte Erwachsene, lebenserfahrene, alte Menschen sind Grund zu sagen:

Wir danken dir, Herr, denn du bist freundlich und deine Güte währet ewiglich.

Wir bitten, daß der Blick für deine Güte, Gott, nicht so schnell verschüttet oder durch Neid verstellt wird. Wir wünschen uns, daß wir uns nicht von unseren Ansprüchen und Unzufriedenheiten bestimmen lassen, sondern die Freiheit zur Güte ergreifen. Wir möchten, daß sich für Kranke und Traurige der Himmel immer wieder aufhellt und daß Belastete und von

Sorgen Geplagte empfindsamer werden für die guten Augenblicke ihres Lebens. Was an uns liegt, wollen wir zu tun versuchen, und wir wollen Dir danken, Herr, denn du bist freundlich und deine Güte währet ewiglich.

Vorschläge für die Predigt

Anfang

1. Meine Erfahrung im Umgang mit dem verlesenen Gleichnis finde ich in Worten von Matthias Claudius ausgesprochen: »Die Rede Jesu sind ein Born, der nicht verlöscht. Wie man aus ihm schöpft, füllt er sich wieder an, und der folgende Sinn ist immer noch größer und herrlicher als der vorhergehende. So ist es mit allem, was aus seinem Munde gegangen ist, mit seinen Sprüchen und Gleichnissen.« Versuchen wir gemeinsam aus dem Brunnen zu schöpfen, in der Hoffnung, unseren Durst nach ermutigenden Lebenseinsichten und stärkendem Glauben ein wenig zu stillen!

Unser Gleichnis zeichnet eine Szenerie, die klar und verständlich ist, dem Alltag entnommen. Berichtet wird von einem Arbeitsmarkt. Es gibt da einen Unternehmer, Arbeiter und Arbeitslose. Von Stundenlohn, von Arbeitsverträgen und Tarifauseinandersetzungen ist die Rede. Das alles ist uns mehr oder weniger vertraut und verständlich. Höchst unklar ist nun allerdings das Lohnverfahren. Verwundert hören wir, daß für ungleiche Arbeit gleicher Lohn gezahlt wird. Und da entsprechend der Einleitung – »Das Himmelreich ist gleich ...« – der Hausvater für Gott steht, entsteht die Frage: Handelt Gott nicht ungerecht, wenn er es macht wie der Hausvater im Gleichnis? Er zahlt den Arbeitern, die den ganzen Tag gearbeitet haben, keinen Pfennig mehr als denen, die nur eine Stunde geschafft haben. Ist das nicht eine himmelschreiende Ungerechtigkeit?

Weiterer Verlauf

2. Es kann sich anschließen das äußerlich ganz ähnliche Gleichnis eines jüdischen Schriftgelehrten. Es berichtet von einem König, der viele Arbeiter angeworben hat. Einer unter ihnen war sehr fleißig und geschickt. Der König nahm ihn bei der Hand und spazierte mit ihm umher. Am Abend gab der König allen den gleichen Lohn. Da murrten die, die den ganzen Tag gearbeitet hatten, und sprachen: »Wir haben den ganzen Tag gearbeitet und dieser nur zwei Stunden, und er hat auch den vollen Lohn erhalten!« Der König antwortet: »Dieser hat in zwei Stunden mehr geleistet als ihr den ganzen Tag!« Auch hier gibt's für ungleiche Arbeit gleichen Lohn, aber es scheint nur so! Denn in Wahrheit war es die gleiche Arbeit. Der eine hat in den zwei Stunden genauso viel, ja mehr geleistet – das ist

eigentlich einzusehen! Das Gleichnis des jüdischen Schriftgelehrten befriedigt so unser Gerechtigkeitsempfinden, weil letztlich doch gilt: Für gleiche Leistung gleicher Lohn (Vergl. Bultmann, Marburger Predigten Tübingen 1956, S. 160).

Genau das bestätigt Jesus mit seinem Gleichnis nicht. Er sagt vielmehr, und daran kommen wir nicht vorbei: Für ungleiche Arbeit gleicher Lohn. Genauso wie ihr es euch nicht wünscht, ist es. Und unser Anspruchsdenken und Gerechtigkeitsstreben protestieren: Für ungleiche Arbeit gleicher Lohn?! Wie ist das zu verstehen?

3. Es ist wichtig zu bedenken, um welchen Lohn es sich handelt. Jesus will nicht: Sozialethik lehren, Bezahlung von Arbeitern thematisieren, menschliche Lebensordnung problematisieren. Jesus will: Handeln Gottes deutlich machen, Deutung der Welt aus seinem Verständnis geben, vom Lohn reden, den Gott zahlt. So gesehen verdeutlicht er für mich mit seinem Gleichnis:

a) Gott, das Leben, ist uns Menschen gegenüber frei, frei gegenüber allen Ansprüchen. Im Sinne des jüdischen Gleichnisses gehen wir oft davon aus, daß nicht nur die Menschen, sondern auch Gott nach menschlichen Maßstäben unsere Leistungen belohne; z.B. für eine ordentliche Lebensführung mit Gesundheit bis ins Alter. Jesus benennt in seinem Gleichnis die Ungereimtheiten des Lebens – gleicher Lohn für ungleiche Arbeit – und er harmonisiert nicht ...

b) Ich sehe im Gleichnis in Frage gestellt die Ansprüchlichkeit, die wir an den Tag legen; die Meinung, wir kämen weiter mit vorwurfsvollen Fragen: Warum geht's anderen besser? Mit welchem Recht müssen andere weniger Not und Krankheit durchstehen? Können wir nicht Gleiches beanspruchen? Warum stößt gerade mir Böses zu? Die Schlechten bleiben oft verschont! ...

c) Jesus bietet an, im Prinzip das Leben nicht aus der Perspektive von Recht und Anspruch, nicht aus der Ecke rivalisierenden Vergleichens zu sehen, sondern unter dem Aspekt der Güte – der Güte Gottes, geschenkter, frei gewährter Güte Gottes! Güte läßt sich nicht verdienen und erzwingen. Sie wird einem gewährt, oder wir gewähren sie anderen, wissend, wie sehr wir der Güte bedürfen, um nicht bloß freudlos und trostlos zu leben. Wer an Gott, an das Leben, an seine Mitmenschen nur denkt mit Ansprüchen, der wird begegnende Güte nicht sehen. Wer sich alles Gute nimmt, als habe er ein Anrecht darauf, ist blind gegenüber der Güte des Lebens, der Güte seiner Mitmenschen, alles in allem auch gegenüber der Güte Gottes. Er bringt sich um Freude, Dankbarkeit, Zufriedenheit ...

4. Als weiteren Schritt der Predigt stelle ich mir eine kurze Infragestellung des Angebotes Jesu vor. Begegnet denn wirklich allen Menschen Gottes Güte? Gibt es nicht manch trauriges Schicksal, manch beängstigende Not, die uns sprachlos machen? Das Gleichnis gibt direkt keine Antwort; sie ist an anderer Stelle zu finden. Wozu unser Gleichnis einlädt, ist der Versuch, die Sicht Jesu für sich selbst einmal durchzuspielen.

5. Abschließend möchte ich die Möglichkeiten aufzeigen, Güte Gottes wahrzunehmen. – z.B. im Alltäglichen, in der Beziehung zu anderen, in positiven Lebenserfahrungen, im Anerkennen dessen, was anderen gegeben ist (vergl. auch Fürbittengebet).
Welcher Lohn wird uns dafür? Antwort im Sinne des Kontextes von Thielicke (s.u.).

Schluß
6. Ich greife noch einmal das eingangs zitierte Wort von Matthias Claudius auf. Für dieses Mal hat meinen Durst gestillt, daß ich im Gleichnis eine Lebensperspektive gefunden habe, die mich meine eigentliche Situation als Mensch tiefer sehen läßt als üblich, die die Widersprüche des Lebens nicht vorschnell harmonisiert und dabei doch eine lebensbejahende und menschenfreundliche Sicht anbietet.

Kontexte

»Dann sehen auch ›des Tages Last und Hitze‹ plötzlich ganz anders aus. Wer einmal an der Hand Jesu Schweres hat durchmachen müssen, wer ihn zum Gefährten und Genossen seiner Qual hatte, als er Bitterstes im Gefangenenlager auszuhalten hatte, als er von Haus und Hof vertrieben wurde, als man ihn aus einem berstenden Keller zog, der möchte das alles ja nicht mehr missen. Der sagt doch gar nicht – ich habe es jedenfalls noch von niemandem gehört –: ›Gott muß mich wegen all des Schweren, was ich durchzumachen hatte, im Jenseits einige Plätze höher setzen‹. Sondern er sagt umgekehrt: ›Erst in den Tiefen des Hungers, der Angst, der Einsamkeit, da habe ich die Nähe meines Herrn erfahren, da habe ich erst ganz gelernt, wer Jesus ist und wie er zu retten, zu trösten und zu halten versteht. Mein Leben lang zehre ich von den Segnungen dieser Stunden der ›Last‹ und der ›Hitze‹. Ich *mußte* einmal auf die rauhen Wege geschickt werden, um zu sehen, daß er wirklich Stege baut. Ich mußte einmal durchs dunkle Tal, um den Hirten kennenzulernen. Sonst hätte ich dies alles ja nie erfahren.‹ «
(H. Thielicke, Das Bilderbuch Gottes, Stuttgart 1962, S. 144)

»Gnade bei Jesus?«
Der Besitzer des Weinbergs schneidet alles Geschimpfe mit der Frage ab: »Seid ihr neidisch, weil ich ...« – nun muß es kommen: weil ich so gnädig bin? – Nichts davon, Jesus sagt: »... weil ich so großzügig bin?« Oder man könnte übersetzen:

Weil ich es so gut mit euch mache?
Aber der Anstoß bleibt. Und viele Kommentare wirken geradezu naiv, wie sie oberflächlich den Anstoß überbrücken oder gar nicht wahrhaben wollen. ... Zwischen der Handlungsweise des Arbeitsgebers und den gängigen Regeln des Erwerbslebens klafft ein Kontrast, der nicht hinweggeleugnet werden kann. Die Exegeten, die ihn überbrücken wollen, bringen den Skopus des Gleichnisses erfolgreich zur Strecke. Denn es ist gerade dieser Kontrast, den Jesus in seiner Geschichte unübersehbar deutlich machen will! Jesus vertritt und fordert eine total *andere Haltung*. Die üblichen Regeln der Gesetzes- oder auch die Erwartungen der Gnadenreligion, des Vergeltungsdenkens oder des Gerechtigkeitsstrebens, des Ansprüche-Stellens oder des Bestehens auf seinem Recht gelten hier alle nicht, sie sind einfach überboten. Jesus bestätigt seine Umwelt und ihre Erwartungen nicht, er verlangt und lebt eine total andere Grundhaltung.
(Hanna Wolff: »Neuer Wein – Alte Schläuche«, Stuttgart 1981, S. 67)

Wir haben die wichtigsten Probleme gesehen, die eine monistische Allmachtsvorstellung Gottes mit sich bringt, vor allem dadurch, daß sie ständig mit der Realität in schwerste Konflikte kommen muß. Wir haben auch gesehen, daß Jesus eine grundsätzlich andere Haltung mit seinem »Das hat der Feind getan« einnimmt. Es ist auch hinzuzusetzen, daß Jesus keineswegs diesen Dualismus schlußendlich doch wieder in einen befriedigenden monistischen Sinnzusammenhang auflöst. Er läßt ihn vielmehr schroff, brutal realistisch stehen!
Diese Position Jesu stellt an den Menschen jedoch eine ebenso ungewöhnliche wie unerhörte Anforderung. Genauer ist es die Anforderung, einen großen Verzicht zu leisten, nämlich den Verzicht, die Widersprüche der Wirklichkeitserfahrung zu harmonisieren, dem Dasein *ein* intellektuelles Deutungssystem überzuwerfen, über den Sinn der Existenz etwas auszusagen, was man überhaupt nicht aussagen kann.
Keine andere Anforderung trifft den Menschen so hart und empfindlich wie diese. Denn sie ist der denkbar härteste Schlag gegen seinen Stolz, mit dem er sich nicht nur als Herr aller Dinge selbstbehaupten will, sondern jederzeit auch über alle Dinge stellt.
(Hanna Wolff, a.a.O., S. 113 f.)

Sexagesimä

Predigttext: Lukas 8,4–8
Gerhard Szagun

Theologisch-homiletische Skizze
Erst neuerlich ist die Perikope auf die Verse 4–8 begrenzt worden, während sie früher auch die folgenden Verse 9–15 mit umfaßte. Diese Eingrenzung halte ich für sinnvoll und sachgemäß. Hilfreich ist es jedoch, auch die Deutungen Lk. 8,11–15 parr. mit in den Blick zu nehmen. Ergänzt durch die exegetischen Ausführungen Wreges kann hier deutlich werden, wie sehr die Deutungen des Gleichnisses je nach Situation variierten.
Wir haben mit diesem Gleichnis ein sog. Kontrastgleichnis vor uns. Es wirkt fast wie ein Wunder, daß etliches auf gutes Land fällt und hundertfältig Frucht trägt (Vers 8), nachdem vorher, graduell zwar unterschiedlich, dennoch die Aussaat vergeblich ist. Unter dem Saatgut verstehe ich Jesus Christus und sein Wort. Der Adressat des Gleichnisses ist die christliche Gemeinde. Das Gleichnis ist meiner Entscheidung nach insgesamt, also in allen vier Bildern – Weg, Fels, Dornen, gutes Land – an die christliche Gemeinde gerichtet. Jedem Gemeindeglied wird gesagt: »Wer Ohren hat zu hören, der höre!«.
Das Gleichnis dürfte bei uns Christen in doppelter Weise »auf fruchtbaren Boden fallen«: Einmal hat der eine oder andere sich wirklich schon in »festem Glauben« und fruchtbringend erfahren. Die andere Erfahrung wiegt daneben mindestens so schwer, nämlich die, wie schnell immer wieder unser Glaube gefährdet ist bzw. wegrutscht. Diese Spannung zwischen Glauben und Unglauben kann nur Gott lösen, wie es ja auch zum Ausdruck kommt in der Bitte: Herr, ich glaube, hilf meinem Unglauben.
Diese Spannung, die die allermeisten Christen aus eigener Erfahrung kennen, will das Wort Gottes auch im Vollzug des Gottesdienstes am Sonntagmorgen des Sexagesimae lindern. In diesem Gottesdienst will der Herr seinen Hörern zusagen: Bei euch fällt mein Wort auf gutes Land, ihr bringt hundertfältige Frucht. So wahr dies das Anliegen Gottes ist mit seinem rettenden und leben-spendenden Wort, so wahr wissen wir Christen auch um unseren Unglauben, der ja auch in dem Gleichnis zur Sprache kommt. Ihm dürfen und sollen wir uns stellen, und vielleicht erhellt ein wenig das Nachdenken darüber manchen dunklen Winkelzug des Herzens. Die uns vorgegebenen Bilder sollten so entfaltet werden:

a) das Wort fällt auf den Weg –
es kommt gar nichts über, man hört gar nicht mehr hin

b) das Wort fällt auf den Fels –
bei Wechselfällen des Lebens trägt das Wort nicht lange durch

c) das Wort fällt unter die Dornen –
mein Eigenleben in seiner Eigendynamik läßt auf Dauer das Wort sich nicht durchsetzen.

Dies alles kann deshalb so offengelegt werden, weil das Wort Christi richtet und rettet. Im Vollzug der Predigt soll das rettende Wort der Anfang und das Ende sein: »Ihr seid gutes Land! Wer Ohren hat zu hören, der höre!«.

Vorschläge zur Liturgie

Eingangsspruch
Der Wochenspruch ist geeignet: Heute, wenn ihr seine Stimme hören werdet, verstockt eure Herzen nicht (Hebr. 3,15).
Zu empfehlen ist auch: Dein Wort ist meines Fußes Leuchte und ein Licht auf meinem Wege (Ps. 119,105).

Eingangsgebet
Herr, unser Gott,
wir dürfen leben, weil du uns in Jesus Christus deine Gnade und Barmherzigkeit schenkst. Herr, wir danken dir dafür und bitten dich: Komm auch heute mit deinem Wort zu uns und schenke uns deinen Frieden. Dies erbitten wir im Namen deines Sohnes, der mit dir und dem heiligen Geist lebt und regiert von Ewigkeit zu Ewigkeit. Amen.

Liedervorschläge
EKG 115, 1–2.6–7 (Wochenlied); EKG 190, 3–4; EKG 249, 3–4.

Predigtvorschlag

»Und etliches fiel auf ein gutes Land, und es ging auf und trug hundertfältige Frucht.« Das ist uns gesagt. Wir sind gemeint, wir, die wir heute hier zusammengekommen sind. Und vielleicht trifft es ja auch bei einem oder anderen auf Erfahrungen, die er gemacht hat: Es gibt so etwas wie die Gewißheit des Glaubens. Da bin ich ganz sicher, daß es mir gilt, meinem Nachbarn gilt: Christus ist für mich gestorben, damit ich lebe; Christus ist für mich ans Kreuz gegangen, damit ich frei sein kann, frei von Schuld, frei von meiner Vergangenheit.
Es gibt das, daß ich Vergebung ganz persönlich erfahre. Eben noch duckte ich mich unter dem, was mich beschwerte, und dann allmählich darf ich mich aufrichten, – und ich schaue zurück auf das, was Vergangenheit

ist, was durch Christus wirklich Vergangenheit wurde. Und ich weiß, es gilt mir der Anruf Gottes: »Ich habe dich bei deinem Namen gerufen, du bist mein.« Und wo dies geschieht, da ist das Wort auf gutes Land gefallen, und da kann es aufgehen und hundertfältig Frucht tragen. Ja, das stimmt: Auf der Höhe des Glaubens kann so vieles geschehen, zuweilen Unvorstellbares geschehen. Wo ich mich von Gott geliebt weiß, ohne jedes ›Wenn und Aber‹ geliebt weiß, da kann auch ich Menschen annehmen, die vielleicht wenig liebenswert sind; da kann auch ich hoffen, obwohl vielleicht gar nichts Hoffnungsvolles erkennbar ist. Ja, auf der Höhe des Glaubens, da weiß ich um das Leben, da weiß ich um sein geschenktes Leben, das selbst den Tod besiegt hat. »Wer Ohren hat zu hören, der höre.«
Dies klingt vielleicht zu schön, um wahr zu sein. Es ist aber wahr. Und gerade deshalb brauchen wir uns auch anderen Wahrheiten nicht zu verschließen. Es beschleicht uns ja oft Unsicherheit. Es kann ja auch bei uns geschehen, daß das Wort auf den Weg fällt und sofort zertreten wird oder daß es sofort die Vögel fressen. Ja, dies kennen wir auch.
Vielleicht denkt der eine oder andere an ganze Lebensabschnitte, in denen er von Gottes Wort nichts wissen wollte, geschweige denn es hören. Da war wohl noch die Erinnerung an manche christliche Wahrheit. Aber mit all dem konnte man nichts anfangen. Deshalb entzog man sich dem Wort Gottes. Und wo man es doch zu hören bekam, da kam nichts über. Es war ja auch zu phantastisch, zu fern von der Wirklichkeit; denn man hatte Erfahrungen gemacht, daß jeder eben wirklich sich selbst der Nächste ist, daß, wenn überhaupt, jeder selbst seines Glückes Schmied ist. Dann zu hören: Liebe deinen Nächsten wie dich selbst, dann zu hören: Christus wird dich zum Leben führen ..., da kommt dann nichts über. Eingefahrene Lebensweisheiten wie diese hindern, daß da überhaupt etwas aufgehen kann von seinem Wort. Es ist, wie wenn wir Menschen von verschiedenen Planeten senden. Auch dies kennen wir ja, daß wir den anderen erreichen wollen und fast sichtbar jedes Wort vorher schon zu Boden fällt. »Wer Ohren hat zu hören, der höre.« In der Tat, das ist so wichtig, immer wieder zu hören, sich dem Wort Gottes nicht zu entziehen.
Angesichts dessen, was wir täglich sehen, ist es auch schwer genug, immer wieder zu der Glaubensgewißheit zu gelangen, daß die Vergebung siegt, daß die Liebe siegt. Rundherum ist es ja zu erkennen, ja oftmals auch bei einem selbst, daß jeder sich selbst der Nächste ist. Da müssen wir es hören, es immer wieder neu auf uns wirken lassen, daß die Liebe siegt.
Und selbst wenn wir offen sind für Gottes Wort; wir haben es nie in der Hand, ob da wirklich etwas überkommt.
Wenn es aber geschieht, daß uns das Wort anrührt von Gottes Liebe, das

Wort von seiner Gnade: Wie lange hat es Bestand? Da braucht uns nur eine schwere Krankheit zu treffen. Wie schnell rutscht da alles weg, was von seiner Liebe zeugt, was von seiner Gnade zeugt. Da treibt mich die Frage um: Warum ich? Warum mir? – Höchst gebrochen gelangt da dann sein Wort an mein Ohr: »Ich habe dich bei deinem Namen gerufen; du bist mein«. Und ähnlich kann es mir gehen, wenn ich mich um den anderen kümmere, wenn ich mich um den anderen mühe. Wie oft haben wir doch schon versucht, die Liebe Gottes weiterzugeben. Und schmerzlich mußten wir dann erkennen, daß wir nichts ausrichten konnten. Es war dann so, wie wenn Gottes Wort bei uns ein Feuer entflammte. Es war aber nur ein Strohfeuer. Zwar versuchte ich Gottes Liebe weiterzugeben, ich wurde aber nur enttäuscht, ausgenutzt. »Undank ist der Welt Lohn.« Wie sehr können doch solche Erfahrungen die Verbindung zu Gottes Wort abschneiden. Ja, gerade wegen solcher Erfahrungen müssen wir sein Wort immer neu hören. »Wer Ohren hat zu hören, der höre.« Nur sein Wort kann uns durch diese Wirklichkeit hindurchtragen.

Noch eine andere große Gefahr lauert. Es heißt: »Etliches fiel unter die Dornen, und die Dornen gingen mit auf und erstickten das Wort Gottes.« Lassen Sie mich ein Beispiel nennen: Wir wissen um die große Zahl derer, die in der Welt hungern. Wir wissen auch um die große Zahl jener, die in der Welt verhungern. Und doch, wir haben selbst Pläne. Es muß dies oder das angeschafft werden, man möchte dies oder das haben, und schon vergißt man, was rundherum ist. Oder man blendet es aus. Das Leben in meiner Welt, das ich mir baue, kann so leicht zur Fessel werden. Wir wollen wohl die Liebe weitergeben, die uns Gott geschenkt hat, sie setzt sich aber nicht durch, weil meine Pläne für mich dem im Wege stehen. Mein eigener materieller Wohlstand kann da so sehr hindern. Ich will selbst glücklich sein, will selbst leben. Wie oft hindert mich dies, mich auf das Leid des anderen einzulassen. Es ist oft schon schwer genug mit dem, was ich zu tragen habe! Ich glaube schon, daß dies damit gemeint sein kann, wenn es heißt: »Etliches fiel unter die Dornen, und die Dornen gingen mit auf.« Ja, wir wissen auch um die Gefahr, daß die Dornen wirklich Gottes Wort zu ersticken vermögen. »Wer Ohren hat zu hören, der höre«.

Noch einmal: Wir sind gemeint mit dem guten Land, auf das Gottes Wort fällt. Und es »trug hundertfältig Frucht«. Stimmt das wirklich, wenn wir die vielen Hindernisse in uns und um uns herum bedenken? Und wer möchte nicht gutes Land sein und viel Frucht bringen?!

Manchmal sieht es mir so aus, als ob ein ganzes Leben nicht ausreicht, um auch nur halbwegs gutes Land zu sein. Gewiß, manche Lebenserfahrung macht uns da offener für sein Wort. Wir wissen aber auch, daß andere Lebenserfahrungen uns verschließen können. Deshalb ist es so wichtig, zu hören und immer neu zu erfahren: Christi Leben und Sterben allein macht uns zum guten Land. Sein Leben und Sterben ist das Geschenk Gottes, uns zum guten Land zu machen, zu einem Land, das auch Frucht bringt. Wie sehr auch ich immer wieder versage, wir brauchen nicht zu resignieren, wir dürfen für uns selbst hoffen durch ihn und sein Wort; denn er ruft uns zu: »Ich habe dich bei deinem Namen gerufen, du bist mein; – wer Ohren hat zu hören, der höre!«

Kontexte

»Nun das große Feld des Lebenszweifels wird in jedem Jahr neu eingesät, neu beackert, und als Ernte tragen wir unsere Fragen ein, ob die Lebenslose halbwegs gerecht verteilt sind, ob der blinde Zufall uns narrt? Ob es vor dem Sog der überpersönlichen Mächte und Gewalten noch das Recht und die Freiheit des Einzelnen gibt? Ob Mühe, Zucht und Haltung sich bezahlt machen? Ob Zusammenhänge bestehen zwischen dem Unrecht von gestern und dem Unheil von heute? Ob alles, was geschieht, wirklich geschieht vor der Rückwand der Ewigkeit? Ich weiß nicht, ob es Menschen gibt, die sich mit diesen Grundzweifeln nicht herumschlagen müssen, ob es Verschonte gibt. Der, dem ich begegne, wenn ich in den Spiegel schaue, ist, das weiß ich, nicht bei den Verschonten.« (Albrecht Goes, Dunkler Tag, heller Tag; Siebenstern-Taschenbuch 173, 1973, S. 100 f.)

»Vom Acker kommt Erntesegen, vom Weinberge schmackhafte Früchte und von der Hl. Schrift belebende Lehre.

Der Acker gewährt nur für eine Zeit die Ernte,
und der Weinberg gewährt nur für eine Zeit die Weinlese,
aber die Hl. Schrift sprudelt, sooft sie gelesen wird, belebende Lehre.

Ist der Acker abgeerntet, so hört er auf zu tragen;
ist der Weinberg abgeherbstet, so wird er unfähig,
im gleich Jahr nochmals Früchte zu geben;
von der Hl. Schrift aber kann man täglich ernten,
ohne daß die Ähren in ihr für die Ausleger abnehmen,
und täglich kann man in ihr Weinlese halten,
ohne daß die Trauben der in ihr hinterlegten Hoffnung ausgehen.

Nähern wir uns also diesem Acker und genießen wir von dem Ertrag seiner lebenspendenden Furchen! Ernten wir von ihren Ähren des Lebens, nämlich die Worte unseres Herrn Jesus Christus.«

(Ephräm der Syrer um 306 – 373, in: Vom Geheimnis leben, hrsg. von Rudolf Schnettler, 1981, S. 49)

Estomihi

Predigttext: Markus 8,31–38
Gert Hartmann

Theologisch-homiletische Skizze

Petrus sagt nicht: »Wie soll das zugehen?« (z.B. mit der Auferstehung?). Er wehrt sich: »Das verhüte Gott, das widerfahre dir nur nicht!« (Mt. 16,22). Und Jesus entgegnet nicht: »Du Kleingläubiger!« Sondern: »Du Satan!« Die Schwierigkeit des Textes besteht also nicht darin, daß seine Wahrheit schwer begreiflich wäre, sondern darin, daß sie zu aufdringlich ist. Es ist allzu offenkundig, daß nur die Bereitschaft »das Leben zu verlieren«, verheißungsvoll ist. Aber sind wir zu diesem Risiko bereit? Unsere Angst ist das Problem.

Ihr gegenüber erscheinen die übrigen theologischen Fragen (z.B.: Wie ist die Auferstehung zu beschreiben? Wie die Wiederkunft (Vers 38)? Wie wörtlich ist das »um meinetwillen« zu nehmen?) zweitrangig. Ich erinnere mich an eine Erzählung, nach der Buddha einem zögernden Jünger sagte: Fragt einer, der in einem brennenden Haus ist, ob es draußen regnet? Offenbar fragen wir so.

Beispiele aus dem politischen Leben fallen sofort ein: Die Sicherung des Lebens durch Waffen, durch technisches und wirtschaftliches Wachstum, durch Arbeitsleistung führt zu Ergebnissen, deren Absurdität nicht zu übersehen ist: »Wer sein Leben erhalten will, wird's verlieren«.

Aber welchen Sinn – und welche Verheißung – hat es, darauf zum xten Male hinzuweisen? Und fragen wir selbstkritisch: In welchem Maße ist das soziale und politische Engagement kritischer Theologen eben auch eine Art, das Leben – sprich: die »Identität« – zu sichern? Jedenfalls sollte es nachdenklich stimmen, wenn die Inhalte »unbedingten« Engagements schnell wechseln (z.B.: 3. Welt – Wider den Leistungsdruck früher, jetzt für das Recht auf Arbeit – Ökologie – Frieden) und falls nicht Hoffnung, sondern Angst und/oder schlechtes Gewissen unsere Motive sind. Wenn dann die Politiker oder die meisten Gemeindemitglieder nicht mitspielen, wären Ressentiment und »Identitätsverlust« die fast absehbare Folge: »Wer sein Leben behalten will ...«.

Auch Beispiele aus dem privaten Leben fallen ein: Wenn ein Kind in der Schule nicht mitkommt, gibt man Nachhilfe. Gut, wenn damit einer zeitweiligen Schwäche bald abgeholfen wird. Wenn der Erfolg aber auf sich warten läßt und man dennoch das Ziel auf diese Weise weiterverfolgt, werden die Nachhilfestunden zum zusätzlichen Druck, der das Kind nicht schlauer, sondern nur noch unglücklicher macht. »Die Lösung wird selbst zum Problem« (Watzlawick, s.u. IV). Tote, ohne die man auch nach 5 Jahren nicht leben mag – beruflicher Streß, dessen krankmachende Folgen gegen die »Unausweichlichkeit« keine Argumente sind – caritative oder erotische Liebe, die den Partner bedrängt und von der man nicht läßt, obwohl sie

sichtlich nur zur Distanzierung führt – usw.: »Ja was soll ich denn tun? Soll ich denn alles aufgeben? Was dann?« Man weiß es selber wirklich nicht. Der Prediger oder Seelsorger weiß es auch nicht. Gott weiß es, aber der sagt es nicht, bevor man nicht bereit ist, »das Leben zu verlieren«.
Solche Beispiele zeigen meine – unsere? – Scheu vor Risiko und Angst vor Leiden. Vorsicht mit solchen Beispielen. Die Predigt soll nicht darauf hinauslaufen, nur solche Angst (sie richtend) zu benennen. Es geht darum, durch die verheißenden Worte Jesu Freiheit und Hoffnung zu stiften. »Wer sein Leben verliert ..., der wird's gewinnen«. Auch diese verheißungsvolle Wahrheit ist durch Erfahrung belegt. Und sie weist über unsere Erfahrungen hinaus und macht neuartige Erfahrung möglich: Jesu Jünger sind nach der Kreuzigung und durch die Auferstehung in ganz neuer Weise zusammengekommen, und – historisch kritisch betrachtet – ist dieser Text ja wohl auch nicht nur Verheißung, sondern Niederschlag von Erfahrung. Menschen sind durch Krankheit oder Trauer reicher geworden. Gerade in Kriegszeiten stiftet die Weihnachtsbotschaft Trost und Hoffnung. »Man kann angesichts der Nachrüstung nicht Weihnachten feiern«, oder: »Man kann angesichts von Hunger und Ungerechtigkeit nicht von Gott singen, ›der alles so herrlich regiert‹« usw. So reden wir eher als Reiche, die an ihrer Ohnmacht oder ihrem schlechten Gewissen leiden. Wer wirklich von Leid betroffen wird oder sich ihm aussetzt, sieht es oft anders: er kann offenbar neue Gottes- und Lebenserfahrungen machen.
»Wer sich meiner Worte schämt ...«: Manchmal ist es sicher gutes Taktgefühl, angesichts leidvoller Erfahrungen anderer Menschen eher zu schweigen, als zu vollmundig gleich von Gottes Verheißungen zu reden. Manchmal läßt uns aber die in der Angst vor eigenem Leiden bedingte Scham verstummen. Da mag die Einsicht helfen, daß die Beweislast für Gottes Verheißung neuen Lebens nicht bei uns liegt. In Zeiten oder individuellen Situationen, in denen die suchtartige Sicherung des Lebens nach »bewährten« Mustern offensichtlich in eine Sackgasse führt, kann das Zeugnis gerade dieses Jesuswortes im doppelten Sinne »richten«: Aussichtsloses entlarven und auf Verheißungsvolles ausrichten.
Bei alledem ist mir wichtig, den Widerstand gegen und die Offenheit für die paradoxe Verheißung Jesu auf zwei Ebenen zu bedenken, wie oben schon bei den politischen Beispielen angedeutet: Zuerst geraten wohl bestimmte Güter oder Menschen, bestimmte vertraute und günstige Lebensumstände in den Blick, an denen unser Herz hängt. Sie sind oft genug wirklich eher beglückend als belastend, solange das Leben »normal« verläuft. Wohlstand, Gesundheit, Partner, politische Freiheiten usw. bieten als Gottes (des Schöpfers) Gaben Möglichkeiten, menschliches Leben zu gestalten. Gleichzeitig stellen sie die Versuchung dar, sie zu vergötzen und so für Möglichkeiten des Lebens und Glaubens unfrei zu werden. »Woran du dein Herz hängst, das ist dein Gott« (Martin Luther). Hinzu kommen, besonders bei nachdenklichen oder christlich geprägten Menschen, die religiösen oder ideologischen Lebensdeutungen. Sie können ebenso gleichzeitig Freiheit und Unfreiheit befördern, Leben ermöglichen und verhindern: Nicht nur naive Philosophien (»Gesundheit ist das höchste Gut«), auch ethische Maßstäbe und ethisches Engagement, Glaubensüberzeugungen und Normen tragen als Bilder menschlichen Lebens und als Gottesbilder wesentlich bei zu unserer Identität. Wenn Petrus sich gegen Jesu Leidensankündigung wehrt, fürchtet er ja nicht nur

um den Verlust seines Freundes. Er wehrt sich gegen den Verlust seines Glaubens und seines Gottes. Gerade wenn es – nach seinem messianischen Konzept – göttlich und nicht menschlich zuginge, würden Jesu Gegner nichts vermögen. Eben diese Form des Glaubens an »Göttliches« geißelt Jesus: »Du willst nicht, was göttlich, sondern menschlich ist«. Die Ohnmacht Gottes, der Tod des Gottesbildes, das Kreuz Jesu, der Verlust der Identität des Glaubenden sind verbunden mit der Verheißung, das Leben und Gott (den Erlöser) zu gewinnen.

Vorschläge zur Liturgie

1. Der traditionelle *Introituspsalm* 31 scheint mir passend und gefällt mir. Wo ein Introitus als Psalmodie nicht üblich ist, eignet er sich vielleicht als Eingangsvotum oder -gebet.

2. Als *Lektionstexte* sind vorgesehen: 1. Kor. 13 und Lk. 18,31–43. Wenn es nur eine Lesung gibt, würde ich Lk. 18 vorziehen. Diese Perikope bietet eine interessante Variante des Predigttextes: Nach der Leidensankündigung verstehen die Jünger nichts, der Blinde aber wird sehend. Weitere Texte: Siehe unter IV.

3. Bei einigen der folgenden *Liedvorschläge* habe ich die Verse angegeben, um deretwillen ich die Lieder gewählt habe. Manchmal gefallen mir die ersten Verse nicht sonderlich oder gar nicht.
Folgende Lieder des EKG finde ich passend: 68 (als Eingangslied im Blick auf die Passionszeit); 252 (Wochenlied); 256, Verse 3.5.6; 257, Vers 6; 283, Verse 3 u. 4; 286, Vers 7; 293; 294.

4. Im *(Schluß)gebet* mag man verschiedene Lebensbereiche bedenken und um die im Predigttext verheißene Freiheit bitten. Z.B.:
Wir kennen Gesundheit und Krankheit.
Laß uns gesund nicht übermütig werden – und krank nicht verzagen.
Mach uns frei zur Freude an deiner Treue.
Wir kennen Geselligkeit und Einsamkeit.
Laß uns unter Menschen nicht mißgünstig – und einsam nicht hart werden.
Mach uns frei, dir und den Menschen zu vertrauen.
Wir kennen Reichtum und Mangel.
Laß uns reich nicht gedankenlos werden – und arm nicht verbittern.
Mach uns frei, dir und den Menschen zu dienen.
Wir kennen Einfluß (oder: Macht) und Ohnmacht.
Laß uns als Starke nicht verächtlich – und als Schwache nicht kleingläubig werden.
Mach uns frei, verantwortlich zu handeln.

Wir kennen Erfolge und Niederlagen.
Laß uns erfolgreich nicht stolz – und unterliegend nicht rachsüchtig werden.
Mach uns frei, dich und unsere Nächsten zu ehren.
Usw.

Vorschläge zur Predigt

Möglicher Anfang

»Wer sein Leben verlieren will ..., der wird's gewinnen.« Dieser Satz erinnert mich an ein Erlebnis, das schon 20 Jahre zurückliegt. Ich war gerade Pastor geworden, seit 2 oder 3 Tagen in meiner ersten Gemeinde. Der Vorgänger wies mich auf eine Frau hin. Ich sollte sie besuchen. Sie habe Krebs und würde wohl nur noch wenige Wochen leben, kaum 50 Jahre alt. Ich hatte Angst vor diesem Besuch. Würden nicht die Schmerzen und die hoffnungslose Situation der Frau mich ratlos und wortlos machen? Und wenn ich nichts zu sagen wüßte: Würden nicht meine ganze Theologie und mein Glaube nach jahrelangem Studium sich als wertlos erwiesen?
Die Frau hatte Schmerzen. Und sie rechnete nicht mit einer Besserung. Sie war manchmal traurig und weinte. Aber sie war nicht verzweifelt. Sie erzählte, wie sie sich jeden Tag über die Sorge und Liebe ihres Mannes freute, dem sie soviel Verständnis und Treue nicht zugetraut hatte. Und wie sie sich betend Gott nahe fühlte, was ihr früher nicht in den Sinn gekommen war. Sie hatte sich ihr Leben anders gedacht und sah es nun zu Ende gehen. Aber darüber mußte man nicht ängstlich schweigen. Nachdem sie aufgehört hatte, die Krankheit zu verleugnen oder zu verdammen, und sie stattdessen annahm, gewann sie die Freiheit, daraus eine Lebenserfahrung werden zu lassen, von deren Reichtum sie ihrem Mann und auch mir etwas abgeben konnte. Überraschenderweise noch ein paar schmerzens- und segensreiche Jahre lang.
Oder zu Anfang ein Beispiel, in dem Zustimmung eher aktiv erfolgt:
Ich erinnere mich an die Meditation dieses Bibeltextes in einer Gruppe. Eine junge Frau, zur Lehrerin ausgebildet und nun ohne Aussicht auf Anstellung, spürte zuerst zornigtraurigen Widerstand gegen diese Worte. Dann sagte sie sinngemäß: Gerade in der Eindeutigkeit ist die Wahrheit befreiend. Ich habe mein Leben vor mir. Aber seine Möglichkeiten entdecke ich erst, wenn ich den alten Plänen samt dem Ressentiment den Abschied gebe.

Zum weiteren Verlauf

Ich möchte den Hörern Möglichkeiten anbieten, sich entsprechender eigener Erlebnisse zu erinnern. Eine Sequenz nur angedeuteter Beispiele, die nichts demonstrieren, sondern ausdrücklich Identifikationsmöglichkeiten bieten sollen: Das Zerbrechen einer Freundschaft, innere Kämpfe beim Erwachsenwerden bzw. Loslassenmüssen der eigenen Kinder, Krankheiten, Trauerfälle, ein verdorbener Urlaub.

Leute pflegen zu sagen: »Das Leben geht weiter.« Das ist wahr und ist doch nur die halbe Wahrheit. Wahr ist, daß ein Erlebnis, das den Lebenswert zu bedrohen schien, uns eben doch nicht die Zukunft nimmt. Wahr ist auch, daß ich der/dieselbe bleibe auch durch die und nach der Krise. Wahr ist auch, daß ich eben nicht mehr der/dieselbe bin. Wenn ich der/dieselbe bleiben will, ist das tödlich. Auch dafür gibt es Beispiele: Menschen, die Trauer nicht überwinden und ihr Leben an Gestorbene binden; schwere Krankheiten, die als bloße Betriebsunfälle betrachtet werden, um bis zum nächsten Infarkt weitermachen zu können. Wenn es wirklich weitergeht, ist Neues entstanden. Und umgekehrt: Wenn man sich Neuem öffnet, geht es wirklich weiter. Nun kann man den Predigttext detaillierter erzählend erläutern: die Situation, in der Jesus den Weg nach Jerusalem geht, die sein »Muß« des Leidens und den Protest des Petrus verständlich werden läßt.

Die Reaktion des Petrus ist uns nicht nur verständlich. Sie ist uns vertraut. Wir planen unser Leben. Und Vertrauen, auch Gottvertrauen, heißt meistens: Es wird schon gut gehen. So beginnen wir eine Autofahrt und die Erziehung der Kinder. So planen wir eine Ausbildung und ein Familientreffen. So lassen wir uns auf eine Ehe ein. So unterziehen wir uns einer Operation. So wird Politik gemacht. Gott – an den wir bewußt oder unbewußt, intensiv oder beiläufig dabei denken – erscheint als verläßlicher Vater oder Schöpfer, dessen Segen und Geleit das Leben irgendwie berechenbar macht. Das ist das Normale. Ohne solch kreatürliches Vertrauen wäre Leben kaum möglich, jedenfalls nicht familiär und gesellschaftlich.

Aber an kritischen Punkten wird diese Art des Vertrauens zur tödlichen Versuchung. Da müssen mit uns dieses Vertrauen und dieses Gottesbild sterben, damit Gott für uns aufersteht und wir mit ihm.

Politisch zeigen die Rüstungsspirale, die ökologische Situation, der – nicht nur durch konjunkturelle Schwäche, also gesellschaftlichen Mangel, sondern duch Automation, also gesellschaftlichen Reichtum bedingte – Arbeitsplatzmangel, in welche Sackgasse wir geraten.

Im Blick auf Privates sollte man in der Predigt auf die eingangs genannten Beispiele zurückkommen., »Wer sein Leben behalten will ...«: Die Ausweglosigkeit zu erkennen, ist Sache des unbestechlichen Blickes. Aber ohne Vertrauen ist oft schon dieser Blick verstellt. Alternativen zu wagen, ist zuerst eine Frage des Vertrauens.

Natürlich haben wir Angst oder sind verwirrt oder unwillig. Wenn ein Kind in der Schule erfolglos bleibt oder keinen Ausbildungsplatz findet, wenn man selbst arbeitsunfähig wird, einen Angehörigen verloren hat: Wie soll es denn weitergehen? Wir wissen es ja nicht und revoltieren wie Petrus: »Das darf nicht geschehen!« Oder: »Warum muß mir daß zustoßen?« Wir sehen nicht immer, wie es weitergehen kann, auch wenn wir die Augen weit aufmachen. Wenn wir sie freilich nicht ganz verschließen, sehen wir, wie es sicher nicht weitergehen kann. So sagt Jesus zu Petrus: Du Satan, du willst nicht, was göttlich – also Leben verheißend –, sondern was menschlich – also aussichtslos – ist.
Die Fastenzeit mag Anlaß sein, nachzudenken, wie wir abhängig geworden sind von Gütern und Gewohnheiten, und Freiheit zu erproben. Das Vertrauen, daß Gott auf unvertrauten Wegen mit uns geht, kann uns Wege entdecken lassen. Und umgekehrt: Die Bereitschaft, sich auf Unvertrautes einzulassen, kann uns Gottes Geleit erfahren lassen. Aus einem anklagend fragenden »Warum?« mag dann das Gebet werden: »Ob ich schon wandere im finstern Tal, fürchte ich kein Unglück, denn du bist bei mir, dein Stecken und Stab trösten mich«. Daraus mag das Bekenntnis werden: »Sind wir mit Christus geboren, so glauben wir, daß wir auch mit ihm leben werden«.

Kontexte

1. Ein weiterer Gedanke zur Predigt. »Wer sein Leben verlieren will ... um meinetwillen«: Das mag heißen, als Zeuge seiner Wahrheit Aussichtsloses als aussichtslos und Verheißungsvolles als verheißungsvoll benennen, in öffentlicher Debatte oder im seelsorgerlichen Gespräch. Da ist man des Beifalls nie sicher. Zwar wird man nur höchst selten zum Märtyrer werden, aber eine Konfrontation setzt immer das Vertrauen aufs Spiel.
2. Lebendige Beispiele und sozialpsychologisch Theoretisches findet man bei Watzlawick/Weakland/Fisch: Lösungen, Bern 1974, bes. Seite 51 ff. Kurz angedeutet: Normalerweise begegnet man Schwierigkeiten durch »Einführung des Gegenteils«. Also z.B.: Nachhilfe gegen Lernschwierigkeiten, Heizung gegen Kälte: »Lösungen erster Ordnung«. Führt das nicht zum Erfolg, tut man üblicherweise »mehr desselben», bis – unter ungünstigen Umständen – die Nachhilfestunden das Kind schlimmer belasten als schlechte Noten oder bis der Heizkessel platzt. Aus alltäglichen Schwierigkeiten entstehen durch die Lösungsversuche selbst schwerwiegende Probleme. Da bedarf es der »Lösung zweiter Ordnung«. Während »Lösungen erster Ordnung« das System aufrecht erhalten, sprengen »Lösungen zweiter Ordnung« das System: Das Kind würde z.B. die Schule verlassen, man müßte also die Lebenswerte neu definieren. Solche »Lösungen« verlangen nicht nur Phantasie, sie sind bei Watzlawick immer auch durch Humor gekennzeichnet. Sie verlangen vor allem Vertrauen. Denn sie bedeuten ein Risiko. Die Paradoxien bei Watzlawick erinnern sehr stark an die Paradoxien unseres Predigttextes.

3. Wer Lust hat, einen langen, guten Roman zu lesen: Thornton Wilder: Der achte Schöpfungstag, Fischer Tb 1974. Beschrieben wird, wie eine Familie nach dem tragischen Verschwinden des Ehemannes und Vaters kreativ wird.

4. Biblische Assoziationen: Auch z.B. 1. Mose 12,1–3 und Ps. 23 verheißen Gottes Treue und sprechen vom Vertrauen auf unbekannten Wegen. Solches Geleit ist ähnlich, aber doch nicht dasselbe wie die Paradoxie von Kreuz und Auferstehung. Hier ist das Vertrauen unbedingt. Ähnlich: Joh. 12,23–25; Röm. 12.

5. Sprichwörter, populäre Lieder und Gedichte, die dem Text ähnlich sind, manchmal etwas trivial, ohne die Wahrheit zu pervertieren: »Das Leben geht weiter«. »Auf Regen folgt Sonne«. »Not lehrt beten«. »Wo Gefahr ist, wächst das Rettende auch« (Hölderlin). »... und ein neuer Frühling folgt dem Winter nach«. »Herr, schicke was du willt, / ein Liebes oder Leides, / ich bin vergnügt, das beides / aus deinen Händen quillt« (Möricke).

Invokavit

Predigttext: Matthäus 4,1–11
Gerhard Weßler

Theologisch-homiletische Skizze

Mit diesem Sonntag beginnt die Passionszeit. Den meisten Menschen ist das nicht bewußt, oder es besagt ihnen nicht viel. Allenfalls wird dadurch dem allgemeinen pessimistischen Grundgefühl ein weiterer Akzent hinzugefügt. Bei der Verlesung des Predigtextes kann im Rückblick auf Karneval bzw. Fasching das Wort »Versuchung« bei den Hörern seine spezielle Bedeutung bekommen: Es ist die Verlockung, aus den gewohnten, allgemein anerkannten Bahnen bürgerlichen Lebens einmal vorübergehend auszusteigen, sich mal einen Schritt über die Grenze zu genehmigen. Von der Kirche erwartet man Warnung davor und Verurteilung dieser Art von Leichtfüßigkeit. Das Beispiel Jesu steht dann für moralische Standfestigkeit, Gehorsam, Unbeirrbarkeit.

Der Beginn der Fastenzeit legt eine ähnliche Assoziation in asketischem Sinn nahe. Die Worte »Versuchung« und »Sünde« haben ja bekanntlich in Zusammenhang mit Essen und Trinken eine ironisch-prägnante Bedeutung, wenn Überernährung zur Volksseuche geworden ist. Die Ablehnung des Brotwunders könnte zudem in diese asketische Richtung weisen.

Allen diesen Vorverständnissen und populären Assoziationen ist die moralische Sicht auf den Menschen gemeinsam: Eine allgemeine legitimierte Norm des Verhaltens gilt als gut, und der versuchliche, schwache Mensch soll im Sinne dieser Norm gebessert werden. Denn Gott will unser Bestes, wenn er uns »gut« haben will. Versuchungen ziehen nach unten – wir sollen uns aber nach oben entwickeln. Versuchlich, wie wir nun mal sind, ist dann das Bemühen der Kirche – und erst recht im Gottesdienst – prinzipiell gegen uns gerichtet und verbündet sich mit unserem eigenen Anteil an Selbstverneinung und Selbsthaß, der dadurch verstärkt wird. Bedrückte und gehemmte Stimmungen im Kirchenschiff und gesetzliche Predigt sind die zwei Seiten ein und derselben Medaille: des moralischen Menschenbildes. Gibt der Text dazu Anlaß? Ich denke: nein! Die Versuchung, von der hier die Rede ist, hat genau die umgekehrte Stoßrichtung wie die, die das moralische Menschenbild kennt: Jesus muß sich dagegen wehren, stark, überlegen, mächtig, einleuchtend und gut sein zu wollen. So absurd es klingen mag:

»Das ist der Abgrund, an dem Jesus lebt! Und der Sieg über diese Versuchung kann nichts anderes bedeuten, als daß er beim Menschen, bei der Niedrigkeit und damit bei seinem Auftrag ausharrt, bis an den Tod. Seine Gottessohnschaft bewährt sich in der Vollkommenheit dieses Gehorsams, der ihn mit den Menschen solidarisch macht.«

(O. Weber, Gött. Predigtmed. Die altkirchl. Evangelien, S. 89 ff.)

Die Versuchung, um die es hier geht, kommt also von der frommen, von der moralischen, von der innerkirchlichen, der klerikalen Seite und empfiehlt, auf größere Effektivität bedacht zu sein, stärkeres kirchliches Profil herauszustellen und die Gunst der Stunde zu nutzen, in der sich staatliche Macht, gesellschaftliche Kräfte und politische Parteien dem Christentum geneigt erweisen.
Ich entschließe mich, diesem »Besserungsbemühen« zu widerstehen und es in mir und meinen Hörern als den eigentlichen Feind der Botschaft anzuschauen. Wenn ich in diesem Sinne nach einer neuen Überschrift für die Geschichte frage, fällt mir ein: »Wie Jesus sich treu blieb«.
Der Text steht zwischen der Taufe Jesu und dem Beginn seiner öffentlichen Wirksamkeit, deren Ziel das Kreuz vor den Toren Jerusalems ist. Die Krise, von der hier berichtet wird, muß wohl als eine grundsätzliche und somit dauernde Infragestellung des ganzen Wirkens Jesu verstanden werden. Sie wird ihn von innen und außen bis zuletzt begleitet haben. Über sie wird er in den verschiedensten Situationen und Konfrontationen immer wieder zu siegen gehabt haben. Das ist mit diesem einem Mal nicht abgetan gewesen (vgl. u.a. Die Zeichenforderungen der Pharisäer, Matth. 12,38 ff., Kap. 16,1 ff.; der Konflikt mit Petrus über Jesu Leidensbereitschaft, Matth. 16,22 f.; die Verklärungsgeschichte Matth. 17; Jesus vor Pilatus, Joh. 18,36 f.; Jesus am Kreuz, Matth. 27,40).
Die erste Versuchung lockt mit dem vermeintlichen Realismus, der in dem Bemühen um materielle Befriedigung steckt (vgl. dazu Dostojewski, s. Kontexte). Das Reich Gottes à la Teufel empfiehlt sich als gesicherte Existenz, als goldenes Zeitalter: »Ich will alles! Ich kann alles!«
Die Situation des Exodus, des Aufbruchs soll riskiert werden zugunsten der Fleischtöpfe (2. Mose 16). Man kann ja nach der Rückkehr dann immer noch kritisch, progressiv, unkonventionell und beweglich in »Ägypten« theoretisieren. Die Angst vor dem Lebensrisiko der Freiheit möchte man sich ersparen und möglichst leidensfrei zu neuen Ufern gelangen. Christologisch gesprochen soll die Entäußerung (Kenosis Phil. 2) zurückgenommen werden zugunsten eines Doketismus, der das Evangelium zu einer Ideologie, zur Belehrung von oben herab verkommen lassen würde. Aber das Wort aus Gottes Mund ist nur in der Wüste zu hören, am Ort der Angst, im Hunger nach seinem Reich.
Die zweite Versuchung legt nahe, sich dem Irrationalen auszuliefern, zum religiösen Schwärmer zu werden, Kirche in all ihren Lebensäußerungen zu mystifizieren und zu glorifizieren, um die Massen zu ihrem Heil zu überwältigen. Den Menschen wird dadurch nicht die Freiheit der Suche nach der eigenen Umorientierung gelassen. Alle Arten von Gesetzlichkeit im Umgang mit dem Evangelium liegen auf der Linie dieser zweiten Versuchung, durch die Jesus unangreifbar und somit leidensfrei gemacht worden wäre. Gott nicht versuchen heißt dann soviel wie: Gott nicht verwechseln mit der Interessenlage eines Großinquisitors (vgl. Dostojewski, s. Kontext).
Die dritte Versuchung empfiehlt ganz unverblümt den Pakt mit der weltlichen Macht – natürlich zum Zweck der Menschheitsbeglückung. (Wer dächte dabei nicht an das Führerprinzip der Nazis, das zum kirchenleitenden Strukturprinzip erhoben werden sollte?!) Die Kirche, integriert in die staatlichen, aber auch weltanschaulichen Machtblöcke in West und Ost, wird zum Träger kollektiver Wün-

sche und Verwünschungen. »Anbeten Gott deinen Herrn« heißt dann, nicht selbst zum Propagandisten und Ankläger werden, sondern zum Angeklagten, auf den sich die trennenden Tendenzen der Zeit zum Zweck der Auslöschung einigen, so wie Herodes und Pilatus an dem Tag Freunde wurden, wo sie Jesus kreuzigen ließen.
Die Versuchungsgeschichte stellt diese Grundkrise des Jesusgeschehens verdichtet ein für allemal dar. Jesu Sache stand aber von damals bis heute immer wieder in gleicher Weise auf dem Spiel. Es geht um die Gewißheit, daß Gott durch ihn die jahrhundertealte Hoffnung seines Volkes einlöst, neue Lebensmöglichkeiten zu eröffnen, indem er das Unwürdige annimmt und heilt. Dieser Zusammenhang steht hinter der Verknüpfung der Königsverheißung von Psalm 2 mit der Gottesknechtsfunktion von Jesaja 42 in der Himmelsstimme bei der Taufe. Das macht den »Sohn Gottes« aus, dem er in sich und gegen die Infragestellung von außen die Treue hält, wenn er mit anderen, entgegengesetzten Konzeptionen von »Gottessohnschaft« konfrontiert wird: »Bist du Gottes Sohn, dann ...«. Diese Krise ist von Jesus bestanden worden. Das zeigt sein Kreuz. Diese Krise stellt sich für seine Kirche immer neu; denn wie man das Kreuz vergessen, pervertieren, mißbrauchen kann im Pakt mit bürgerlicher Saturiertheit, religiöser Gesetzlichkeit – staatlich-gesellschaftlicher Macht, zeigt die Geschichte seither bis heute. (siehe dazu Moltmann: »Der gekreuzigte Gott«, Seite 34 f.)

Konsequenzen für die Predigt und den Gottesdienst:
Ich stelle bei mir selbst oft die Neigung fest, diese einmal und immer wieder (mühsam genug) erkannte Botschaft (Leben durch die Annahme des Unwürdigen!) mit verbissenem Trotz gegen alle ihre tatsächlichen und möglichen Feinde, Mißbräuche, Mißverständnisse durchboxen zu wollen und sie durchzubuchstabieren bis in die aktuellsten gesellschaftlichen und politischen Konfliktfragen hineln. Merkwürdigerweise habe ich dann hinterher oft nicht das Gefühl, dieser Botschaft entsprechende Offenheit verbreitet oder gespannte Freude selbst erlebt zu haben. Die Richtigkeit einer entschiedenen Zeitkritik möchte ich damit in keinem Punkt bezweifeln. Sie wird auch an geeigneter Stelle in der Predigt ihren unverzichtbaren pointierten Platz bekommen müssen. Aber zuvor muß sich wohl in mir und dementsprechend in meiner Predigt, in meinem Gottesdienst diese Umwandlung ereignen, durch die meine »Selbstvernichtung« zur Ruhe kommt. In diesem Spannungsfeld bildet sich eben genau dieselbe Versuchungssituation ab, von der unser Text berichtet. Also sollte der Gottesdienst von der gelassenen Freude widerhallen, die das Schlußbild des Textes vermittelt: »Da verließ ihn der Teufel. Und siehe, da traten die Engel zu ihm und dienten ihm« (Vers 11).

Vorschläge zur Liturgie

Eingangsspruch

Dazu ist erschienen der Sohn Gottes, daß er die Werke des Teufels zerstöre. 1. Joh. 3,8b.

Sündenbekenntnis – Gebet vor der Lesung

Herr, unser Gott! Hier findest du uns versammelt, um dein Wort zu reden und zu hören, dich anzurufen, dich zu preisen, dich zu bitten um das, was uns und der ganzen Welt allein gut und heilsam ist.

Aber wie soll das recht geschehen? Du weißt ja, was für Leute wir alle sind, und wir wissen es auch, können es jedenfalls vor dir nicht verleugnen: Unsere harten Herzen, unsere unreinen Gedanken, unser ungeordnetes Begehren und alles, was daraus gekommen ist und noch kommt – unsere Irrtümer und Übertretungen – soviel Worte und Taten, die dir nicht gefallen und mit denen wir auch den Frieden auf Erden nur stören und zerstören können. Wer sind wir, daß wir in dieser Stunde dir zu dienen und uns untereinander wirklich zu helfen vermöchten?

Es geht nicht ohne dein eigenes Reden und Wirken in unserer Mitte. Wir halten uns ganz allein an die Verheißung deiner Gnade und Barmherzigkeit: Daß Jesus Christus, dein lieber Sohn, gekommen ist, uns Armen frohe Botschaft zu bringen, uns Gefangenen Befreiung zu verkündigen und uns Blinden das Augenlicht – uns Sünder zu erretten. Aber an diese Verheißung halten wir uns auch in dieser Stunde. Du kannst, was wir nicht können. Du willst es auch. Wir glauben und vertrauen: Du wirst es auch tun – nicht weil wir gut und stark wären, aber weil du es bist. Amen.

(nach Karl Barth)

Gnadenspruch

So spricht der Herr: Du rufst mich an, darum will ich dich erhören; ich bin bei dir in der Not, ich will dich herausreißen und zu Ehren bringen. Ich will dich sättigen mit langem Leben und will dir zeigen mein Heil. (nach Psalm 91,14 bis 16).

Lesungen

Psalm 46; 2. Mose 16,1–8; Jesaja 42,1–4; Matthäus 16,21–26; Hebräer 4, 14–16.

Lieder

Zu Beginn EKG 293 Jesu meine Freude oder EKG 244 Ich ruf zu dir Herr Jesu Christ;

zur Predigt EKG 53,1–3 und 8 Jesus ist kommen, Grund ewiger Freude;

nach der Predigt EKG 249 Such wer da will ein ander Ziel.

Je nach Ausrichtung der Predigt passen vielleicht auch die Lieder des Sonntags EKG 201 Ein feste Burg, EKG 208 Ach bleib mit deiner Gnade.

Fürbittengebet

Herr Gott, du Schöpfer allen Lebens. Dein Sohn wurde versucht – in der

Hitze der Wüste, im Hunger von vierzig Tagen, auf der Zinne des Tempels. Wir danken dir, daß er widerstand und die Versuchungen des Teufels überwand. Wir bitten dich: Bewahre deine Kirche vor der Versuchung, selbst wie Gott sein zu wollen, bewahre die Politiker vor Lust an der Macht, bewahre die Hungernden vor Erniedrigung, bewahre die Satten vor Gleichgültigkeit.
Herr, wir bitten dich am Beginn der Passionszeit: Zeige uns den Sinn deines Leidens. Wie du im Verzicht auf Stärke die Ehre Gottes bezeugtest, so bitten wir dich heute besonders für die, deren Ehre verletzt wird: die Armen und Entrechteten, die Denunzierten und Diffamierten, deren Elend öffentlich breitgetreten wird, deren Leid dazu dient, die Schuld anderer zu vertuschen.
Gib, daß wir die Leidenden nicht nur bedauern, sondern erkennen, wo wir schuld sind an ihrem Leid. Laß nicht zu, daß wir profitieren von den Schwächen anderer.
Laß uns dir allein dienen, nur dich anbeten und unseren Reichtum zum Nutzen des Nächsten einsetzen. Lehre uns zu verzichten, denn du hast dich selbst entäußert, bist Mensch geworden wie wir und hast uns erhoben, indem du dich selbst erniedrigt hast. Wir danken dir dafür!
(aus: Höre uns, Herr! 1982, S. 55)

Predigtvorschlag

Liebe Gemeinde, aus den letzten Worten dieser Geschichte geht es wie ein vernehmliches Aufseufzen hervor: Endlich macht er sich aus dem Staube! Erleichterung breitet sich aus in der Runde. Jesus kann sich entspannt im Kreis seine Freunde – der Engel – niederlassen und sich mit Liebe und Verständnis verwöhnen lassen nach dieser Tortur.
Wir kennen das: Situationen, in denen man uns zusetzt, in denen wir bedrängt werden, etwas zu tun, worauf wir selbst gar nicht gekommen wären. Irgendeiner Sache sollen wir zustimmen, was uns aber im Grunde gar nicht liegt. Irgend ein Eingeständnis sollen wir machen, dem wir aber innerlich nicht folgen können. Natürlich gibt es da ein paar ganz gute Gründe, die man uns vorhalten kann. Wir haben ja selbst manchmal Anlaß gegeben, in jene Richtung zu denken. Aber jetzt, wo es darum gehen soll, uns festzulegen, können wir innerlich auf keinen Fall mitmachen! Mögen wir in vielen Dingen immer wieder sehr schwankend sein, unklar und noch nicht entschieden; wenn man aber das jetzt mit uns machen will, spüren wir aus einem tiefen Gefühl heraus: Das geht nicht! Das will ich nicht! Das bin ich nicht!
Ein solcher Klärungsprozeß ist oft wahnsinnig anstrengend und braucht Zeit. Je dichter die Einwände an uns herankommen können, um so mehr

nimmt uns das Ganze mit: »Du hast doch selber immer gesagt ...« – »Du hast doch selbst vor Jahren einmal zugestimmt ...« – »Du vertrittst doch immer die Ansicht ... folglich müßtest du jetzt auch einsehen, daß ...«, so bedrängen uns die Stimmen von außen und von innen. Und wenn man sich dann auch noch die Folgen ausmalen kann, die mit Sicherheit eintreten werden, wenn man nicht nachgibt, wird's ganz heiß in uns. Aber es ist ja ganz eigenartig: Wer eine solche Entscheidung mit Folgen für sein Leben schon einmal durchgestanden hat, der wird wissen, daß er aus diesem Prozeß verändert hervorgegangen ist. Vielleicht hat er dadurch zum ersten Mal Kontakt zu sich selbst gefunden und gespürt, daß von daher eine Ruhe, eine Gewißheit ausgeht, die den weiteren Weg durch die unausbleiblichen Folgen überhaupt erste möglich macht. »Engel« treten auf den Plan, lassen es in und um uns hell werden. Engel, das sind ja die Boten Gottes, die also die Verbindung halten zwischen ihm und uns, zwischen jener Kraft, aus der alles lebt, was ist – und mir, der ich mich so schwach, so unklar, so hin- und hergerissen erlebt habe, bis ich mich selbst in ihm wiederfand.

Eine herrliche Erfahrung! Ein Fest in aller Dunkelheit!

Die Bibel ist voll von Entscheidungssituationen dieser Art. Sie stellt sehr treffend die Dinge immer so dar, daß Gott beruft und ruft, aber daß dieser Ruf keineswegs so einfach von allen zu hören ist, sondern die, die er meint, oft nur einfach in Unruhe versetzt (z.B. Eliah am Horeb, 1. Könige 19). Denken wir nur an den Auszug der Israeliten aus Ägyptenland und an die Kämpfe, die es kostet, bis sich der Ruf Gottes verwirklichte.

Auch Jesus hatte diesen Ruf in der Taufe gehört. Er hatte ganz deutlich gespürt, daß er sich rückhaltlos auf den Gott seines Volkes Israel berufen und verlassen konnte, wenn er jetzt seine Herrschaft ausrufen würde. Er fühlte sich ganz unzweifelhaft berufen, wie die Könige Israels am Tag ihrer Krönung. Er sollte das Volk aus seiner Zerrissenheit und Gefährdung ausführen. Allerdings hatte dieser Auftrag an ihn eine ganz wesentliche besondere Färbung. Autorität und Würde sollten sich nicht wie bei den Königen auf äußere Macht, auf Soldaten und auf die Gewalt eisernen Zepters stützen (vgl. Psalm 2), sondern auf die stille Wirksamkeit dessen, der den Verachteten, Hilflosen und Verarmten Gottes Heil und Nähe zuspricht (Jes. 42). Israel soll wieder leben und zu einem Signal an die ganze Welt werden, indem man an ihm ablesen kann, wie das Leben nur aus der Annahme des Unwürdigen erwächst. Sind wir dieser Wahrheit auch schon in unserem eigenen Leben begegnet?

(Es folgen Beispiele von der gelungenen Annahme des eigenen »Schattens«, wodurch sich Feindbilder nach außen erübrigen.)

Aber das ist nicht leicht. Immer wieder schleicht sich die Vermutung ein, wir müßten dem Guten, dem Willen Gottes, ein bißchen nachhelfen.

(Hier folgen die drei Versuchungen Jesu in aktualisierter Form, wie sie in der theologisch-homiletischen Skizze angerissen sind.)

Möglicher Schluß

Jesus ist sich treu geblieben. Das ist unser Glück! Er blieb den schwachen und verachteten und machtlosen Menschen gleich und brachte Gott in die dunklen Seiten unseres Lebens. Das ist die gute Nachricht für alle, die sich nach neuem Leben sehnen. Amen.

Kontexte

»Gleich und gleich gesellt sich gern« nach Aristoteles. Das Geselligkeitsprinzip des Gekreuzigten aber ist die Gesellung zu den anderen und die Solidarität mit denen, die zu Fremden wurden und zu anderen gemacht worden sind. Ihre Kraft ist nicht die Freundesliebe zum Gleichen und Schönen, sondern die schöpferische Liebe zum Andern, zum Fremden und Häßlichen ...

Die Kirche des Gekreuzigten kann sich infolgedessen nicht an das Andere, ihr Fremde assimilieren. Sie kann sich auch nicht vor dem Fremden ins soziale Getto verschließen, sondern muß um ihrer Identität im Gekreuzigten willen ihn und sich selbst in seiner Nachfolge im Anderen und Fremden offenbaren ...

Im Kreise der Frommen ist es schwer, von Gott zu reden, bei Gottlosen fühlt man sich frei, von ihm zu sprechen, sagte Bonhoeffer einmal.«

(Jürgen Moltmann, Der gekreuzigte Gott, S. 33)

»Gott läßt sich aus der Welt herausdrängen ans Kreuz. Gott ist ohnmächtig und schwach in der Welt und gerade und nur so ist er bei uns und hilft uns. Es ist nach Matthäus 8,17 ganz deutlich, daß Christus nicht hilft Kraft seiner Allmacht, sondern Kraft seiner Schwachheit, seines Leidens! ... Nur der leidende Gott kann helfen. ... Das ist die Umkehrung von allem, was der religiöse Mensch von Gott erwartet. Der Mensch wird aufgerufen, das Leiden Gottes an der gottlosen Welt mitzuleiden.«

(Dietrich Bonhoeffer, Widerstand und Ergebung, S. 242 u. 244)

»Jesus hat sich radikal auf die Seite des Lebens gestellt und den Tod bekämpft, wo er ihn antraf: den Tod der Aussätzigen, mit denen niemand sprach und die niemand berührte, den sozialen Tod der Zöllner, die wie die Gastarbeiter bei uns nichts galten, und den physichen Tod derer, die noch nicht gelebt hatten. Dabei ist aber eine Beobachtung zu machen, ohne die man Jesu Verhältnis zum Tode nicht verstehen kann: Diejenigen nämlich, die wie Jesus und seine Freunde den gewaltsamen Tod, der von Menschen für Menschen gemacht wird, den sozialen Tod und den physichen Tod, bekämpften, haben für sich selber das Sterben nicht als das Schlimmste angesehen, was einem passieren kann. Sie haben das vom Tod beherrschte Leben mehr gefürchtet als den Tod. Sie fanden es schlimmer, von dem von Menschen für Menschen gemachten Tod in Unterdrückung und Erstickung allen Lebens beherrscht zu sein, als zu sterben. Ihr größter Feind war nicht der natürliche Tod, sondern der gewaltsame, der schleichende Tod, das ohne-Leben sein, wie wir es in den Gesichtern so vieler Menschen in dieser Gesellschaft täglich sehen. Diesem Sterben und dieser Art Tod – am Brot allein und fürs Brot allein –

gebührt der äußerste Widerstand, der leidenschaftliche Kampf.«
(Dorothee Sölle, Hinreise, S. 18)

Aus der Legende vom Großinquisitor in Dostojewskis Roman: »Die Brüder Karamasow«:

Die erste Versuchung
Du willst unter die Menschen treten und gehst zu ihnen mit leeren Händen, du gehst zu ihnen mit einem Versprechen von einer Freiheit, die sie in ihrer Einfalt und angeborenen Stumpfheit nicht zu fassen vermögen. ... Sieh die Steine zu deinen Füßen. ... Verwandle sie in Brot, und die Menschheit wird dir folgen wie dem Hirten die Herde, dankbar und gehorsam, wenn auch ewig davor zitternd, du könntest deine Hand von ihr nehmen und ihr dein Brot entziehen! Aber du wolltest den Menschen nicht der Freiheit berauben. ... Denn wo ist da Freiheit, schlossest du, wenn der Gehorsam mit Broten erkauft wird? Deine Antwort war, daß der Mensch nicht vom Brot allein lebt. Weißt du aber auch, daß im Namen gerade dieses irdischen Brotes der Geist der Erde sich gegen dich erheben wird?«

Die zweite Versuchung
»Mit dem Brote ward dir die unbestrittene Macht über die Menschen geboten: gibst du Brot, so werden dich die Menschen anbeten, denn am Brote zweifelt niemand. Wenn aber zu gleicher Zeit einer sich ihrer Gewissen bemächtigt ... o glaube mir, dann wird er auch dein Brot von sich werfen und dem folgen, der sein Gewissen beruhigt. ... Das ist die Wahrheit, aber was tatest du? Statt das Gewissen zu beherrschen, hast du es nur noch tiefer gemacht. Oder hast du vergessen, daß Ruhe, daß der Tod sogar dem Menschen lieber sein kann als die freie Wahl zwischen Gut und Böse? Es gibt drei Gewalten, drei nicht mehr auf Erden, die mächtig sind, für ewig das Gewissen dieser erbärmlichen Europäer zu unterjochen und zu kneten...: das Wunder, das Geheimnis und die Autorität. Du hast die eine und die andere und auch die dritte von dir gewiesen und den Menschen also ein Beispiel gegeben. ... Als der furchtbare und weise Geist dich auf die Zinnen des Tempels führte, sprach er zu dir: wenn du wissen willst, ob du Gottes Sohn bist, so stürze dich von hier hinab ... du aber, da du den bösen Geist also hörtest, wiesest diesen Antrag von dir. ... Ist die menschliche Natur stark genug, daß sie das Wunder von sich weisen könne? ... Und weil der Mensch ohne Wunder zu bleiben nicht die Kraft hat, so wird er sich selber neue, eigene schaffen. Er wird an die Wunder von Zauberern und an die Hexenkünste alter Weiber glauben ...«

Dritte Versuchung
»Soll ich dir unser Geheimnis enthüllen? ... Wir sind nicht mit dir, sondern mit ihm (dem Teufel), das ist unser Geheimnis. ... Acht Jahrhunderte ist es her, daß wir das von ihm annahmen, was du mit Zorn zurückgewiesen hast, jenes letzte Geschenk, das er dir anbot, indem er vor deinen Augen die Reiche der Erde ausbreitet. ... Wärest du damals seinem Rate gefolgt, so würdest du alles gehabt haben, wonach den Menschen auf Erden verlangt: den Gott, den er anbeten, den Herrn, dem er sein Gewissen übergeben will, und den Weg und die Weise, wie sich die ganze Menschheit endgültig zu einem einzigen, einträchtigen Ameisenhaufen vereinigen kann ...«

Weitere Literatur:

Ernesto Cardenal, Das Evangelium der Bauern von Solentiname, Band 1, S. 75 ff.
Michel Quoist, »Jetzt rächen sie sich« in: Passion und Ostern, hrsg. Wolfgang Erck, S. 42 f.
Peter Beier, »Zwischen Aktion und Passion: in: Passion und Ostern, a.a.O. S. 91 ff.
Maria Kassel, Biblische Urbilder, S. 9–24
Lothar Steiger, »Erzählter Glaube«, Gütersloh 1978, S. 133–144.

Reminiscere

Predigttext: Markus 12,1–12
Walter Leopold

Theologisch-homiletische Skizze

Die Allegorie begründet die Ablösung des einst erwählten Volkes Israel durch die Kirche aus Juden und Heiden. Dies ist die im Neuen Testament mehrfach benutzte Vorstellungstradition des deuteronomischen Geschichtsbildes, die in der Verschlossenheit Israels gegenüber dem immer neuen göttlichen Anruf den Grund für die Katastrophen von 772 und 587 sieht. Entsprechend Nehemia 9,26 wird nun auch die Katastrophe des ersten jüdisch-römischen Krieges auf die Tötung der Propheten und besonders Jesu zurückgeführt. Die Weiterentwicklung der Markusüberlieferung bei Matthäus, Lukas und im Thomasevangelium zeigt, wie das Gleichnis mit zunehmender politischer Bedrohung und Entzweiung zwischen Juden und Christen immer bedrohlicher wird. Aus dem »Menschen«, der seinen Weinberg anlegt, wird zunächst ein »Hausherr«, später ein »Herrscher«. Daher erscheint schon bei Matthäus eine Mehrzahl von Knechten, die alle getötet werden. Das Zitat aus Psalm 118 – bei Markus noch strahlender Schluß – wird schon bei Matthäus und Lukas zum drastischen Gerichtsbild erweitert. Ich habe mich deshalb entschlossen, Joachim Jeremias zu folgen, der in dem Gleichnis einen narrativen Kern von Jesus selbst vermutet, dessen ausschließliche Absicht es war, »die Darbietung der Frohbotschaft an die Armen zu rechtfertigen«. Daraus folgt als exegetischer Leitsatz: Die Erzählung Jesu ist die gute Nachricht von der unerschütterlichen Güte Gottes gegenüber allen, die meinen, sie seien sich selbst überlassen.

Die üblichen Auslegungen sehen die Botschaft des Textes eher als »Aufstand gegen Gott« bzw. als »Meuterei gegen der Erste Gebot«. Die Gefahr derartiger Interpretation ist, daß auf diese Art die »bösen Weingärtner« immer sehr schnell gefunden sind. Je nach dem politischen oder theologischen Standort sind es die Aufklärer oder die Sozialisten oder die angeblichen Gott-ist-tot-Theologen usw.

Gründlich zu überlegen ist, wie man mit Vers 9 umgeht »... er wird kommen und die Weingärtner umbringen und den Weinberg anderen geben.« Exegetisch ist dazu zu bemerken, daß dieses Gericht für den Evangelisten schon stattgefunden hat. Die Anspielung auf die Niederlage gegen die Römer und ihre furchtbaren Folgen in Palästina macht dies klar. Die Auslegungsgeschichte zeigt jedoch, daß man nicht selten mit diesem Gleichnis eine permanente Verwerfung der Juden und Andersdenkender zu legitimieren suchte. Daraus folgt theologisch: Vers 9 kann nicht die Stimme unseres Herrn sein. Das Gleichnis von der grenzenlosen Güte Gottes wäre durch dieses blutige Finale auf den Kopf gestellt, und der Karfreitag wäre nur noch eine halbe Sache, wenn anschließend ein ganz anderer Herr wiederkäme. Das

Schlußzitat aus Psalm 118 bestätigt dies: »Der Stein, den die Bauleute verworfen haben, ist zum Eckstein geworden. ... Danket dem Herrn, denn er ist freundlich und seine Güte währet ewiglich«.

Vorschläge zur Liturgie

Eingangsvotum

Römer 5,8 (Wochenspruch)

Eingangsgebet (nach dem Reminiscere-Psalm 25)

Gedenke nicht meiner Fehler und Schwächen, sondern gedenke an deine Barmherzigkeit und Güte, die die ganze Welt umschließt. Auf dich verlasse ich mich, hilf, daß ich nie verlassen bin. Zeige mir, Herr, deine Wege und führe mich auch auf Umwegen zum wahren Leben. Vergib mir meine Sünden, bewahre mein Dasein und errette deine Welt. Nicht Angst und Polemik sollen mich bestimmen, sondern Unschuld und Ehrlichkeit, denn ich vertraue dir, o Herr. Amen.

Schriftlesung

Psalm 118,1–9,14–29; oder Römer 5,1–11

Liedvorschläge

EKG 282, 252, 371 (vor allem 13–15); neue Lieder (Heft 2, Hänsler Verlag, Stuttgart, 1983) 759 »Hilf, Herr meines Lebens« und 759 »Weil Gott in tiefster Nacht erschienen«.

Fürbittengebet

Laßt uns beten zu Gott, auf dessen Herrschaft die Völker warten: Für die Nationen der Erde: daß sie sich nicht in Haß und Nationalismus verrennen; daß sie aufhören, miteinander Krieg zu führen und todbringende Waffen zu bauen, und daß einmal doch Friede sei, wo immer Menschen auf Erden wohnen.

Für alle, die Christi Namen tragen: daß sie Neid und Mißgunst, Haß und Streit zuerst aus *ihrem* Leben verbannen und Platz schaffen für Rechtschaffenheit und Güte und für jene Bereitschaft zum Frieden, die unsere Welt so sehr braucht.

Für unsere Kirche: daß wir nicht glauben, wir hätten die Wahrheit gepachtet, sondern daß wir offen bleiben und uns überraschen lassen vom Kommen des Reiches Gottes in unserer Zeit.

Für uns alle: daß wir nicht müde werden und nicht resignieren im Weinberg des Herrn, wenn unserem Bemühen nur wenig Erfolg beschieden ist und uns Gott fern zu sein scheint.

Herr, unser Gott, wir beten für das Kommen deines Reiches. In Jesus Christus ist deine Herrschaft auf Erden angebrochen, in ihm erfuhr die Menschheit deine Liebe, der Erde wurde dein Friede geschenkt.
Wir bitten dich: Laß es heute nicht anders sein, laß dein Reich auf Erden erstarken, laß deine Früchte in uns wachsen, daß wir niemand sich selbst überlassen müssen, weil du uns angenommen hast. Amen.

Predigtvorschlag

»... sie verstanden, daß sie mit dem Gleichnis gemeint waren, und sie verließen ihn und gingen weg«, um ihn baldmöglichst aus der Welt zu schaffen. Dabei muß es nicht bleiben! In allen Worten Jesu steckt die hoffnungsvolle Kraft zur Veränderung der scheinbar unverbesserlichen Menschen.
Ich kann mir gut vorstellen, daß diese trostlose Weingärtnergeschichte einen ganz anderen Verlauf nimmt; so wie zum Beispiel der tragische Ausgang der Erzählung vom »reichen Jüngling« im Leben des Franz von Assisi ein gutes Ende gefunden hat. Möge also das Gleichnis von den bösen Weingärtnern zu unserer guten Lebensgeschichte werden: »Ein Mensch pflanzte einen Weinberg und führte einen Zaun darum und grub eine Kelter und baute einen Turm und verpachtete ihn den Weingärtnern und zog über Land.«
Ein neues Gottesbild – ein neues Weltbild – ein neues Menschenbild – in einem Satz!
Aus dem fernen unnahbar allmächtigen Gott wird »ein Mensch«, der liebevoll seinen Weingarten anlegt. Kaum zu glauben: Der Mensch ist das Gleichnis, das allein zutreffende Bild für Gott. Der Gleichniserzähler selbst ist der Garant dafür, daß diese Gleichung stimmt, daß Gott nichts anderes ist als wahre menschliche Liebe.
Und die Welt wird zum Weinberg! Ein biblisches Bild für Lust und Liebe. Für den Liebhaber ist der Weinberg ein Gleichnis für seine Braut. Nicht nur im Hohenlied wird dieses Bild vom Weinberg des Herrn zart und eindeutig ausgemalt. Das Verhältnis zwischen Gott und Welt wird von Jesus nicht als einseitiges Besitzverhältnis, auch nicht als Abhängigkeitsverhältnis, sondern als gegenseitiges Liebesverhältnis gesehen: »Er zog einen Zaun darum«, das zeigt, was mit den Zehn Geboten ursprünglich gemeint ist: Es geht nicht um Gesetze, nicht um Verbote, sondern um eine göttliche Wohltat, um Lebenshilfe, die Sicherheit und Selbstvertrauen gibt. Der Zaun sorgt für Verhältnisse, in denen man leben kann, und für ein Leben, das sich leben läßt. Der Wachtturm unterstreicht noch dieses göttliche Interesse am wohlgeschützten Leben in seinem Weinberg. Und die eigene Kelter zeigt, daß wir alles haben, was man braucht, um glück-

lich zu sein und die göttlichen Erwartungen zu erfüllen. – »Der Wein erfreut des Menschen Herz«!

Gilt dieses Gleichnis auch noch für die Welt, in der wir leben, für die Welt der Arbeit, die Welt der Politik? Darf man gar die Dritte und Vierte Welt als geliebten Weinberg des Herrn betrachten? Man darf, man muß, wenn die Geschichte gut ausgehen soll! Der Vater von Hermann Hesse sagte bei der Aussendung von drei Basler Missionaren: »Bedenkt, ihr seid nicht unterwegs in eine verlorene Welt von Teufeln und Dämonen. Alles dürft ihr getrost verlieren, nur nicht die Hoffnung und die Menschenliebe. Bleibt also fröhliche und getreue Weingärtner in Gottes Lustgärtlein!«

Mit einem menschlichen Gott im geliebten Weinberg kann das Leben freundlicher werden. Da kann man erleben, daß auch scheinbar frustrierende Arbeit in modernen Produktionsabläufen ein Teil der Schöpfung Gottes ist und deshalb etwas mit Liebe zu tun hat. Für Arbeiter, Angestellte, Beamte, Lehrer, Schüler macht es schon einen großen Unterschied, ob sie nur ihrer verdammten Pflicht und Schuldigkeit nachkommen oder ob sie bewußt bei der göttlichen Weinlese im Garten des Menschlichen mitmachen. »Ohne Gott wird alles lustlos und lieblos, unter einem zu hohen Himmel will die Treue zur Erde eben schlecht gelingen.« (Annette v. Droste-Hülshoff) Selbst der Marxist Kolakowski spricht von »der notwendigen Wiedereinsetzung Jesu in die Kultur und die Politik«, damit das Leben nicht vollends seinen Glanz verliere.

Ebenso ermutigend wie das Gottes- und Weltbild ist das gleichnishafte Menschenbild: Wir sind die »Pächter« Gottes, die völlig frei und eigenverantwortlich schalten und walten können, während er »verreist« ist. Wir sind die Geschäftsführer Gottes mit voller Prokura. Unverständlich, daß diese göttliche Möglichkeit des Menschseins immer wieder so mißverstanden wird. Einige verstehen ihr Dasein als Pächter tatsächlich so, als ob sie Gott gepachtet hätten, als ob sie selbst die Besitzer der Wahrheit wären. Wenn zu diesen einer kommt und die Früchte der Liebe und der Toleranz abholen möchte, dann muß er sich auf einiges gefaßt machen, denn wo Absolutheitsansprüche geltend gemacht werden, da wird es eben schnell lebensgefährlich.

Andere wundern sich über die immer noch regelmäßig wiederkehrenden Gottesboten und können sie einfach nicht ernst nehmen, weil sie von der Annahme ausgehen, Gott hätte sich für immer von dieser Welt verabschiedet – »ein aufgeklärter Mensch hat die Krankheit der Religion überstanden« (Voltaire).

Man könnte die ganze Welt- und Kirchengeschichte als »Aufstand gegen Gott« bzw. als »Meuterei gegen das Erste Gebot« beschreiben. Bei dieser Diagnose muß allerdings sehr behutsam vorgegangen werden, denn allzu schnell sind oft die bösen Weingärtner, die sich von Gott anscheinend selbständig gemacht haben, gefunden. Allzu leicht fühlt man sich als Christ über diejenigen erhaben, die sagen: »Es geht uns nicht um Gott, es geht uns um den Menschen« (z.B. Karl Marx), – als wäre das noch ein Gegensatz nach der Menschwerdung Gottes!

Ich habe übrigens viel Verständnis dafür, daß die Arbeiter im Weinberg nicht jeden sogenannten Gottesknecht mit offenen Armen aufnehmen. Mitunter werden im Namen Gottes Früchte verlangt, die im Weinberg des Herrn überhaupt nicht wachsen. Zum Beispiel totale Selbstlosigkeit oder ein Glaube, der den Verstand verachtet, oder ein krankhaftes Schuldbewußtsein mit permanent schlechtem Gewissen. Auch in unseren Tagen überfordert so mancher »Prophet« die Leute und sich selbst. Eine gewisse Vorsicht im Weinberg des Herrn scheint also angebracht, denn nicht alle Knechte kommen aus Gottes besserer Welt, manche spielen sich als geschäftstüchtige Zwischenhändler der Gnade bzw. als Gerichtsvollzieher Gottes auf. Denen, die sich ihnen blindlings ausliefern, wird ewiges Seelenheil versprochen, die übrige Welt mag jämmerlich zugrunde gehen. Angesichts solcher Zustände im Weinberg braucht man sich nicht zu wundern, daß viele denkbereite Christen ein gebrochenes Verhältnis zur Religion haben.

Doch gottseidank hat er selbst eingegriffen und ein für allemal klargestellt, was er mit uns und unserer Welt vorhat: die Wiedergewinnung der scheinbar gottverlassenen Welt als geliebte Schöpfung und Wiederentdeckung des Lebens als göttliches Geschenk. Man braucht dies nur im Neuen Testament nachzulesen: »Nachdem zuzeiten Gott manchmal und auf mancherlei Weise geredet hat zu den Vätern durch die Propheten, redet er nun ein für allemal bis in unsere Tage hinein durch den Sohn; er ist gesetzt zum Erben über alles, in seiner Menschenliebe liegt Ursprung und Ziel der Welt.« (Hebräer 1,1+2) »So sehr hat Gott die Welt geliebt, daß er seinen eingeborenen Sohn gab, auf daß alle, die an ihn glauben, nicht verloren werden, sondern das ewige Leben haben; und der Menschensohn ist nicht gekommen, daß er die Welt richte, sondern daß die Welt durch ihn gerettet werden.« (Johannes 3,16+17)

Und dabei können und sollen wir mitmachen in seinem Weinberg, dabei ist er auf unsere Früchte angewiesen. Was er konkret damit meint? Zum Beispiel Gehorsam. Was ist das? Untertänigkeit? Ganz im Gegenteil! Gehorsam ist Freiheit – »soviel die Welt faßt, gehört euch. Leben und Tod sind euer. Was heute ist, was morgen sein wird, alles ist euer. Nur eins: Ihr selbst gehört Christus. Christus aber hat nie sich selbst gehören wollen. Er gehört Gott.« (1. Korinther 3,22+23)

Das ist das einzige, was der menschliche Weinbergbesitzer will: Er will uns nicht uns selbst überlassen, denn mit sich selbst allein zu sein, das wäre die Hölle. Er will nicht, daß wir dieses oder jenes hergeben, sondern

er will, daß wir uns hingeben lernen, um alles zu gewinnen. Denn »wer sein Leben gewinnen will, der wird es verlieren, wer es aber in meinem Sinne an andere verschenkt, der wird es finden.« (Matthäus 10,39)
Liebe Gemeinde, daß Gott sich lieber totschlagen läßt, als daß er seine Schöpfung und seine geliebten Menschen sich selbst überläßt, das ist die gute Nachricht des Gleichnisses. Was das bedeutet, werden diejenigen am ehesten verstehen, die in unserer Gesellschaft bereits sich selbst überlassen sind. Zum Beispiel viele alte und vereinsamte Menschen oder die Verurteilten hinter Schloß und Riegel, – wie hoffnungslos, wie unbarmherzig sind sie sich selbst überlassen, – eigene Schuld hin oder her! Bei jedem Menschen kann früher oder später seine Selbstherrlichkeit in die Resignation der Isolation umschlagen, so daß er für Gott und die lieben Mitmenschen überhaupt nichts mehr übrig hat.
Was wird dann der Herr des Weinbergs tun? – »Er wird kommen und die Weingärtner umbringen und den Weinberg anderen geben«! – Jeder wird spüren: Das kann nicht die Stimme unseres Herrn sein, das ist eher die Stimmung um das Jahr 70 nach Christus, als sich Christen und Juden gegenseitig alles Schlechte wünschten und beide von der heidnischen Regierung blutig verfolgt wurden. Auch der Evangelist Markus läßt da keinen Zweifel, daß dieses bittere Ende den gesamten Verlauf des Gleichnisses von der unerschütterlichen Güte Gottes total auf den Kopf stellen würde. Deshalb beschließt in unserem Text Jesus sein Gleichnis von den treulosen Weingärtnern, indem er aus dem Psalm: »Danket dem Herrn, denn er ist freundlich und seine Güte währet ewiglich« zitiert (Psalm 118): »Der Stein, den die Bauleute verworfen haben, ist zum Eckstein geworden. Dies ist vom Herrn geschehen und ist ein Wunder vor unseren Augen.«
Martin Luther, der diesem seinem Lieblingspsalm eine eigene Schrift – »Das schöne Confitemini« gewidmet hat, soll deshalb das Schlußwort haben zu den beiden Fragen: Was wird der Herr des Weinbergs tun? und – Welche Früchte werden von uns erwartet?
»Ist's nicht eine wunderliche Hülfe, daß der Sterbende lebt, der Leidende ist fröhlich, der Fallende steht auf, der Sünder gerechtfertigt ist. ... Das macht der feine Eckstein, daß wir nicht allein sind im Sorgenberg mit uns selbst. ... Daß er Frucht fordert, ist kein bitter Drohen, sondern ein Trost- und Hülfewort, ... Kein Sterbenswörtchen hat Christus je gesagt, nur Lebewort. ... Er ist mir gut, er soll mir nicht die Lücken büßen, noch ein Füllestein sein, auch nicht so geringe wie ein eigen Werk-Stück, sondern der Eckstein soll er sein. ... Denn was mag Lieberes und Edleres sein, denn ein verzagt Herz, das erleuchtet ist und auch dem Nächsten sein Dunkelheit vertreibt. ... Mehr Frucht brauchst du nicht bringen.« Amen.

Predigtalternativen

Der Sonntagsname Reminiscere könnte zum Predigtthema werden im Sinne von Psalm 25,6+7. Reminiszenz an Gottes Barmherzigkeit und Güte durch verschiedene Boten, die mit ihrem Leben zahlten, z.B. Dietrich Bonhoeffer, Reinhold Schneider und Martin Luther King.
Auch eine Predigt zum Thema: Was ist Eigentum? könnte mich reizen (siehe unten Max Frisch)

Kontexte

Fragebogen von Max Frisch aus dem Tagebuch 1966-71 (Suhrkamp-Verlag) z.B. Wem gehört Ihres Erachtens beispielsweise die Luft? / Was empfinden Sie als Eigentum: a) Was sie gekauft haben? b) Was Sie erben? c) Was Sie gemacht haben? / Wissen Sie, was Sie brauchen? / Erleben Sie einen Hund als Eigentum? / Mögen Sie Einzäunungen? / Wie stellen Sie sich Armut vor? / Warum schenken Sie gerne? / Wieviel Eigentum an Grund und Boden brauchen Sie, um keine Angst zu haben vor der Zukunft? (Angabe in Quadratmetern) Oder finden Sie, daß die Angst eher zunimmt mit der Größe des Grundeigentums? / Wie viele Arbeitskräfte gehören Ihnen? Wieso? / Leiden Sie manchmal unter der Verantwortung des Eigentümers, die Sie nicht den anderen überlassen können, ohne Ihr Eigentum zu gefährden, oder ist es die Verantwortung, die Sie glücklich macht? / Was gefällt Ihnen am Neuen Testament? ...

Medien
Credo-Schallplatte »Aufstand gegen Gott«, Hörfolge über Matthäus 21,33–43 und Dokumentation aus Marxismus, Nationalsozialismus und Kirche. Sowohl die Gleichnis-Interpretation wie die Dokumente geben sehr viel Anregung; spannend, wie die Frage: Was wird der Herr des Weinbergs tun? offengehalten wird.

Okuli

Predigttext: Lukas 9,57–62
Renate Stäblein

Theologisch-homiletische Skizze

Es geht um die Nachfolge. Jesus macht es uns schwer. Was er fordert, stößt eher ab, als daß es einlädt. Der Text spricht von Maximalforderungen: Ausziehen aus den bisherigen Sicherheiten, unstetes Wanderleben, Trennung von Sitte und Ordnung, radikale Lösung aus alten Bindungen. Ich frage: Wie kamen Menschen zur Zeit Jesu dazu, bei ihm mitmachen zu wollen angesichts dieser schockierenden Radikalität? Was faszinierte sie so an ihm, daß sie ihm »nachfolgen« wollten? Um hierauf eine Antwort zu bekommen, müssen wir zweierlei bedenken:

1. Die in den synoptischen Evangelien gebrauchte griechische Vokabel für »nachfolgen« meint eigentlich »hinter jemandem hergehen«. Nachfolge heißt also nicht: heldenhafte Gefolgschaft auf entsagungsvollen Wegen durch aufopferungsvolle Hingabe und fanatischen Einsatz, um den Triumph eines mächtigen Christus herbeizuzwingen. Nachfolge muß streng als das Hinter-ihm-Hergehen ausgedeutet werden.
2. Wenn Nachfolge Hinter-ihm-Hergehen heißt, dann muß zuerst nach dem Weg gefragt werden, den er selbst gegangen ist. Dafür müssen wir das ganze Lukas-Evangelium in den Blick nehmen. Darin bekommen wir folgende Antwort: Sein Weg ist der Weg des Dienens (Lukas 22,24–27). Die Menschen erfuhren, daß sich Jesus für die Bedürftigen einsetzte, ja, daß er der Anwalt des bedürftigen Menschen schlechthin war. Besonders deutlich wird dies Lukas 4,14–21. Und in Lukas 7, 18–23 erfahren wir, daß Jesus ganz auf der Seite der Elenden steht: Zu jener Zeit heilte Jesus viele von Krankheiten und befreite viele Menschen von bösen Geistern, und vielen Blinden schenkte er das Augenlicht. Und Jesus antwortete ihnen: Geht und berichtet Johannes, was ihr gesehen und gehört habt: Blinde sehen, Lahme gehen, Aussätzige werden rein, Taube hören, Tote werden auferweckt und Armen wird das Evangelium verkündigt. Das ist der Jesus, dem die Menschen nachfolgen wollten. Darin liegt der Grund dafür, daß sie ihn auf seinem Weg begleiten wollten. Dabei müssen wir uns darüber klar sein, daß Nachfolge nicht Gesetz oder Vorschrift oder drückende Last ist, sondern Chance und Befreiung. Denn Jesus ist nicht gekommen, um unser Lehrmeister oder Zwingherr zu sein, wie Christoph Blumhardt sagt, sondern um »zu suchen und zu heilen, das verloren ist«.

Die fordernden Worte des Predigttextes vom Loslassen der alten, versklavenden Bindungen bergen in sich die Chance des Neuaufbrechens und Neuanfangs. Diese Worte sagen aber ebenso, wie schwer das Aufgeben altgewohnter und vertrauter Bindungen und Sicherheiten ist. Die Predigt soll beides transparent machen: die befreiende Chance eines neuen, lösenden und er-lösenden Lebens und die Schwierigkeit der Lösung aus dem, was wir kennen und woran wir hängen. Dabei ist zu bedenken: unsere Situation ist nicht die der ersten Jünger. Wir haben Jesus nicht anders bei uns und vor uns als in seinem Wort. Ich frage: Wie kommen Menschen heute dazu, sein Wort zu hören und ihm nachzufolgen? Und welche Schwierigkeiten stellen sich ihnen dabei entgegen? Die Predigt soll also von den Chancen und Schwierigkeiten der Nachfolge heute reden.

Vorschläge zur Liturgie

Eingangsvotum

Meine Augen sehen stets zu dem Herrn, denn er wird meinen Fuß aus dem Netz ziehen. (Ps. 25,15)

Eingangsgebet

Ganz nah ist dein Wort, Herr, unser Gott,
ganz nah deine Gnade. Begegne uns denn mit Macht und Erbarmen.
Laß nicht zu, daß wir taub sind für dich,
sondern offen mach uns und empfänglich für Jesus Christus,
deinen Sohn, der gekommen ist und der kommen wird,
damit er uns suche und rette und uns vorangehe,
so daß wir nicht verloren sind. Amen.
(nach: H. Oosterhuis, Ganz nah ist dein Wort, Herder-Verlag, 1980, S. 13)

Lesung

Philipper 3,7–9+12

Fürbittengebet

Liturg: Jesus, unser Herr, du hast uns die Chance eröffnet, dir zu vertrauen und mit dir neu befreiendes und liebendes Leben zu gestalten. Dafür danken wir dir.
Wir bitten dich: Befrei uns von den Ketten, die uns binden und uns hindern, dir zu folgen.
Wir bitten dich
– für alle Menschen, die gebunden sind an den Besitz, an die Gemütlichkeit, an den steigenden Lebensstandard,

Gemeinde: Befrei uns, Herr, befreie uns;

– für alle Menschen, die gebunden sind an das Bild, das andere von ihnen haben, und die es sich nicht mehr leisten können, ehrlich zu sein,

Gemeinde: Befrei uns, Herr, befreie uns;

– für alle Menschen, die gebunden sind an die Freude, sich selbst leid zu tun, sich selbst Vorwürfe zu machen, sich aber nicht eigentlich für schuldig zu halten,

Gemeinde: Befrei uns, Herr, befreie uns;

– für alle Menschen, die gebunden sind an die Unruhe der Zeit, die die Stille zerschlägt und die Wörter braucht, weil Reden die einzige Rettung zu sein scheint,

Gemeinde: Befrei uns, Herr, befreie uns;

– für alle Menschen, deren Füße nicht mehr zum anderen finden, deren Blick nicht mehr warm ist und weder Liebe noch Vergebung in sich trägt,
– für alle Menschen, die ihre Hoffnung aufgegeben haben, aus äußeren und inneren Fesseln befreit und aus Gefängnissen und Kriegen zum Leben und Frieden gerettet zu werden,

Gemeinde: Befrei uns, Herr, befreie uns.

Liturg:
Herr, was uns davon abhält, dir zu folgen, ist eine Kette aus Furcht. Wir bitten dich, daß du sie sprengst mit deiner Liebe. Amen.

Lieder:
604, 622 (Kirchentagsliederheft Hannover 1983), 252, 274

Vorschlag für die Predigt
Möglicher Anfang
Ich habe die Autoschlange noch nicht vergessen. Am Samstag war es. Ich sitze in meinem Auto auf dem Weg nach Hause. Dichter Wochenendverkehr! Jeder für sich in seinem Auto! Ins Wochenende! Nach Hause! Stop and go! Zähflüssig! Vor mir ein klappriger Citroen 2 CV. Der spöttelnde Volksmund sagt: Ente, lahme Ente. Ich fühle mich so lahm wie die »Ente« vor mir. Besprechungen im Kindergarten und danach die Wochenendeinkäufe in überfüllten Warenhäusern liegen hinter mir. Und jetzt sitze ich in der Autoschlange. Vor mir schwankt und klappert das alte Auto gefährlich hin und her. Ob der Fahrer träumt? Ich muß mich auf den da vor mir konzentrieren. Während ich angestrengt nach vorn blicke, fällt mein Blick auf den Aufkleber hinten auf dem roten Blech des Citroen. In leuchtend gelben, großen Buchstaben lese ich: Neues Leben mit Jesus! Ich stutze. Ich sehe noch einmal hin. Tatsächlich! Ich habe mich nicht versehen. Da steht es: Neues Leben mit Jesus! Ich bin überrascht. Ich

frage mich: Was soll das denn! Jesus hier mitten im dicksten Großstadtverkehr? Ganz schön provozierend, finde ich. Der Aufkleber bringt mich aus dem Tritt. Ich versuche wieder, mich dem Verkehrsstrom anzupassen und aufzupassen, daß nichts passiert. Und da passiert plötzlich etwas. »Jesus« fährt vor mir auf, bringt mich aus dem Gleichmaß. Der Aufkleber fesselt mich. Ich frage mich: Was mag das Neue sein, das er verspricht?

Zum weiteren Verlauf
Ob der Fahrer weiß, wie das neue Leben mit Jesus aussieht? Ich suche sein Gesicht und entdecke eine kurze Sekunde lang seine lächelnden Augen im Rückspiegel. Wie kommt er dazu, einen solchen Satz auf sein Auto zu kleben? Ich finde das mutig. Viele werden ihn mitleidig belächeln. »Du mit Deinem Jesus«, werden sie sagen, »der hilft Dir auch nicht, wenn Du im Verkehrsstau steckst, einen Unfall baust oder in einen verwickelt wirst. Hilf Dir selbst, dann hilft Dir Gott!« Den jungen Mann scheint der Spott nicht zu stören und auch nicht die Gleichgültigkeit einer bedrängenden Blechkolonne, die keine Notiz von seiner Botschaft nimmt. Wieviel Mißverstehen und wieviel Ablehnung nimmt er auf sich mitten unter Gleichgültigen, Spöttern, Gottesverächtern. Wie unabhängig muß er von all denen sein, von ihren Haltungen und Meinungen. Ob so wie er die Jünger Jesu von heute sind? Ob Jesus nachfolgen heute so aussehen kann? Daß einer mit einem Autoaufkleber bekennt, wohin er gehört und woraus er sein Vertrauen und seine Hoffnung gewinnt? Ich möchte wissen, wie sich sein Leben abspielt, was daran so neu ist, so herausfordernd anders als bei den anderen in der Autoschlange. Ich kann nicht aussteigen und ihn fragen. Also bin ich auf meine eigenen Gedankenspielereien angewiesen. Ich phantasiere von ihm und stelle mir vor: Es wird ihn nicht stören, daß er wie eine lahme Ente wirkt. Es wird ihn nicht bedrücken, daß er im Verkehrsstau steckt. Es wird ihn nicht bedrängen, daß er wie die meisten Fahrer allein hinter seinem Steuer sitzt. Es wird ihn nicht aus der Fassung bringen, daß er später als erwartet zu Hause ankommt. Er ist so frei, da zu Hause zu sein, wo er ist, denn er ist nicht einsam. Er fährt mit Jesus. Daraus gewinnt er sein Zuhause. Daraus gewinnt er Geborgenheit und Vertrauen. Ich ertappe mich bei dem Wunsch nach einem Auffahrunfall – pervers genug, diese Idee! Vielleicht würde ich dann erleben, wie der junge Mann gelassen und freundlich aus seinem Auto springt und die Verletzten versorgt, auf die verstörte Menge Ruhe ausstrahlt und sich mit selbstverständlicher Sicherheit einsetzt, um Ärger und Unruhe abzuwenden. Und ich weiß, daß alle froh wären über den »komischen Heiligen«, den »Frommen« und sich seine Hilfe gern gefallen ließen. Und ich stelle mir vor, daß der junge Mann innerlich so frei ist, daß er gern für die da ist, die ihn verachten, und daß er seinen Atem

denen einhaucht, die nach Luft ringen. Und daß seine Hände denen helfen, die verletzt sind. Ja, das möchte ich gern sehen, wie sich so ein Jesus-Jünger dem aussetzt, was unvorhergesehen auf ihn zukommt und ihn in seinem Engagement für andere Menschen herausfordert; wie einer seine privaten Pläne durcheinanderbringen läßt und sich einläßt auf die, die aus der Straße ihres Lebens herausgeworfen werden wie Vögel aus dem Nest; und wie er sie zu retten versucht. Ich möchte gern sehen, wie einer sein eigenes Nest aufgibt, um bei denen zu stehen und die aufzuheben, die aus ihrem Nest gefallen sind und nun hilflos und allein da liegen. Ich möchte gern sehen, wie einer sich selbst und seine Überzeugung aussetzt und dadurch glaubwürdig wird. Ob er so ist, der Fahrer vor mir? Ob es so ist, sein Leben mit Jesus? Ich weiß es nicht.

Lösungsmöglichkeit

Aber eins weiß ich: Zumindest in mir hat er mit seinem Aufkleber viel in Bewegung gesetzt – viel mehr als reibungslos-fließender Verkehr in Gang setzen könnte. In mir hat er den Wunsch hervorgerufen: So frei und mutig möchte ich auch sein. Dabei merke ich, wie ich längst auf dem Wege mit ihm bin. Ich spüre, wie gut es mir getan hat, mich mit dem Aufkleber zu beschäftigen. Und mir wird bewußt: Ich bin ja längst nicht mehr bei dem Aufkleber. Sondern meine Gedanken bewegen sich um Jesus und um die Bindung des jungen Autofahrers an ihn und wie der dadurch befreit werden kann zu neuem, unkonventionellen und lebensrettendem Handeln. Ich spüre, wie mir in all diesen Gedanken Jesus selber zu begegnen scheint. Dabei habe ich mich ganz unmerklich losgelöst von meinen eigenen geradezu zwanghaften Gedanken an die Mühsal des Verkehrs, an den Druck, rechtzeitig zu Hause sein zu müssen, und an die drückenden Sorgen um die Probleme, die ich im Laufe der Woche aufnehmen und mitschleppen mußte. Einen Augenblick lang haben mich die Phantasie von Jesus und dem jungen Mann befreit von meiner eigenen Last. Ich fühle mich nicht mehr allein mit mir selbst. Ich fühle mich nicht mehr meiner nervösen Spannung ausgeliefert. Der da vorne signalisiert mir: Du kannst neu werden. Das zu erkennen tut mir gut. Für mich heißt das: Du kannst das Alte lassen. Du kannst das Alte loslassen, was Dich einengt, wie Dein Auto in der Blechkolonne. Du kannst das Alte lassen, in das Deine Gedanken und Gefühle verstrickt sind. Das Alte braucht Dich nicht einzuzwängen wie in eine Autoschlange, aus der Du nicht ausbrechen kannst und der Du hilflos ausgesetzt bist. Aus meinem Inneren steigt all das Alte auf, was mich beschäftigt und gefangen nimmt. Die Sorge um meine Familie, die mich sehnsüchtig erwartet; die Sorge um mich selbst und darum, wann und ob ich wohlbehalten zu Hause ankomme; die Sorge um die anderen, die mir in dieser Woche begegnet sind: Die Angst um die Mutter, die an Krebs stirbt und vier kleine Kinder und einen hilflosen Vater allein läßt. Die Hilflosigkeit der Freunde, die diesen Kindern die Mutter ersetzen wollen und wissen, daß sie es nicht können. Die Sorge um die geschiedene junge Frau mit den zwei Söhnen, die an ihrem Freund hängt, er aber zerstört sie dadurch, daß er unentschlossen ist und nur halb seine Treue zusagt. Die Sorge um das jungverheiratete Ehepaar, das heiraten mußte, weil das Kind unterwegs ist; und nun fragen sich beide, ob sie es wohl miteinander aushalten ein Leben lang. Die Ängste der Eltern und heranwachsenden Kinder, die darüber in Streit geraten, wie sie die Konfirmation feiern sollen; und die Eltern wollen, daß es ist wie immer: »Wir haben doch immer in einem Hotel gefeiert – warum diesmal nicht?« – und die Jungen klagen über zuviel Essen, Langeweile, Streit. Das alles, was mich bedrückt, kann ich loslassen!? Wie von selbst beginne ich, mit Jesus, dessen Name vor mir auffährt, zu reden: Jesus, Du weckst Hoffnungen. Mir fällt ein, daß Du gesagt hast: Blinde sehen, Krüppel tanzen, Stumme singen Freudenlieder, unheilbar Kranke werden gesund mit Dir. Meinst Du, was Du sagst? Dann bitte ich Dich: Geh mir voran und zeig mir rettende Auswege aus den Belastungen. Zeig den Menschen, deren Schicksal so hart und ausweglos scheint, wie sie auf ihrer Lebensstraße gelöster fahren können. Schenk ihnen fröhliche Zuversicht – trotz allem. Und laß mich mitspielen in dem Spiel ihres Lebens, indem Du mir meinen helfenden und rettenden Platz zuweist. Zeig mir neue Wege für sie zum Leben. Während ich so rede, erfahre ich, wie gut der Satz mir tut: Neues Leben mit Jesus! Langsam gewinnt das ruhige und gelassene Gefühl in mir Raum, das ich in den jungen Mann hineinprojiziert hatte. Ich atme tief durch. Alles wird gut werden. Egal, wann der Autostau sich auflöst. Der innere Stau hat sich gelöst. Nach und nach läßt der Druck nach, unter dem ich seit dem frühen Morgen stand. Ich spüre, wie ich verändert werde – neu werde. Ich war abgespannt und werde entspannt. Ich fühlte mich verlassen und werde gelassen. Ich war belastet und werde entlastet. Ich stand unter dem »Gesetz des Samstags« und werde ein Stück frei von ihm. Neues Leben mit Jesus! Neues Leben – das klingt zwar ein wenig hochgestochen und übertrieben, aber etwas davon erfahre ich gerade im Auto. Ich lasse den Aufkleber nicht aus den Augen. Ich folge ihm beharrlich. Nein, in Wahrheit folge ich nicht dem Aufkleber. Ich folge Jesus, der mir und anderen neues, befreiendes, entlastetes Leben schenken will.

Lösungsverstärkung
So komme ich zu Hause an. Äußerlich ist alles beim alten: Drängende Autokolonnen, ungeduldige Kinder, aufsässige Fragen: »Wo warst Du so lange?«; und die Geschichten von Menschen, die das Leben hart durch-

gebeutelt hat, sind nicht ausgelöscht. In der Zeitung lese ich – Ironie des Schicksals! –, daß der türkische Student Altun, der sich im letzten Jahr das Leben genommen hat, weil er scheinbar vergeblich um seine Asylberechtigung kämpfte, nun posthum als Asylant vom Gericht anerkannt worden ist. Er hätte leben können! Betroffenheit überfällt mich; und die Sorge kommt zurück und mit ihr die alten Fragen: Wo ist denn wirklich Hilfe? Jesus, wo bist Du? Warum bewahrst Du uns nicht immer vor Unglück und Gefahr, vor Tod und Angst? Warum läßt Du uns so oft allein, jeden in seinem Lebensfahrzeug? Lohnt es sich wirklich, Dir zu vertrauen? Neues Leben mit Jesus!, fährt es mir durch den Kopf. Davon hatte ich gerade ein Stück erfahren. Und nun das Warum, worauf ich keine Antwort habe. Wie paßt das zusammen? Was gilt? Das neue Leben, das Jesus verspricht, oder das Warum ohne Antwort, das, was wir jeden Tag erfahren? Worauf kann ich mich verlassen? Auf ein Erlebnis im Auto oder darauf, daß die Welt nicht besser wird, als sie ist? Neues Leben mit Jesus? Muß ich diesen Satz nicht anders sehen – kritischer? Kann mein Erlebnis im Auto nicht Einbildung gewesen sein? Was ich erlebt habe, das ist nicht eindeutig. Ich möchte die Szene im Auto auf der Straße noch einmal durchspielen – in Gedanken: ›Ich sitze im Auto; ich lese die Schrift auf dem Aufkleber: Neues Leben mit Jesus! Wo ist es denn – das Neue, frage ich. Ich weiß nicht, ob ich heil nach Hause komme. Ich bin allein und sitze fest. Ich muß damit rechnen, daß ich einen anfahre und daß ich angefahren werde. Ich muß mit Unfällen und mit Zerstörung rechnen. Ich bin im Streß und unter Zwang. Ich ärgere mich über den Aufkleber. Ich stoße mich an dem Satz. Wie kann der Fahrer da vorne so etwas versprechen? Jesus, wer bist Du überhaupt? Bist Du nicht längst tot? Ich merke, wie ich plötzlich in Gedanken mit dem Aufkleber rede: Jesus, Du weckst Hoffnungen. Davon sehe ich wenig erfüllt. Mir fällt ein, daß Du gesagt hast: Blinde sehen, Krüppel tanzen, Stumme singen Freudenlieder, unheilbar Kranke werden gesund. Ich sehe nichts davon! Schon damals, als Du in Israel wohntest, haben Leute Dich gefragt: Was sollen wir von Dir halten? Wir sehen die Wirklichkeit; sie ist voll Tod und Abschied, Sorge und Unglück. Das war schon immer so. Daran sind wir gebunden. Davon kommen wir nicht los. Hast Du uns nicht zuviel versprochen? Sind es nicht himmlische Träumereien, denen wir mit Dir nachlaufen? Traumhaft schön zwar, aber eher unrealistisch? Jesus, ich bin im Zweifel, ob Du das kannst, was Du versprichst: das Kaputte heilmachen, das Unmögliche möglich machen, das Unglückliche in Glück verwandeln. Meine Zweifel lassen mich nicht los. Warum kannst Du nicht eindeutig beweisen, daß Du tust, was Du sagst? Warum kannst Du nicht einfach *machen*, daß alles gut wird mit uns?

Ich starre durch die Autoscheibe auf den Aufkleber: Neues Leben mit

Jesus! Ich fühle mich ratlos, allein und wie erstarrt. Ich habe nichts in der Hand. Ich habe keine Beweise dafür, daß es gilt, was Jesus sagt. Ich habe keine Beweise dafür, daß es ihn überhaupt gibt. So komme ich zu Hause an ...‹

Ich habe meine »Autogeschichte« auf zweifache Weise erzählt. Ich habe erfahren: Was Jesus tut, was er sagt, das ist nicht eindeutig, sozusagen zwingend. Ich habe mindestens zwei Möglichkeiten in der Begegnung mit Jesus: ablehnen oder annehmen; zweifeln oder vertrauen; ratlos sein oder mich auf ihn einlassen.

Möglicher Schluß

Ich will mich auf das Versprechen einlassen: Neues Leben mit Jesus! Ich will einstehen für seine Behauptung: Blinde sehen, Krüppel tanzen, Stumme singen Freudenlieder. Wie? Die Augen öffnen denen, die blind sind für Jesus. Krücken zum Vertrauen geben denen, die lahm geworden sind vom Zweifeln und von der Kritik. Heilen helfen diejenigen, die innerlich und äußerlich krank sind. Mich einsetzen für die, die arm dran sind. Und darum bitte ich: »Jesus, ich möchte Dir vertrauen und mich mit Dir in Bewegung setzen, um Deine Welt in Bewegung zu setzen oder wenigstens meine kleine, überschaubare Welt. Ich möchte mit Deiner Hilfe ein Mensch werden, der bereit ist, unbequeme Wege zu gehen, der die eigene Zukunft hoffnungsvoll vor sich hat und der Deine Zukunft im Blick hat. So ein Mensch möchte ich wohl werden, Jesus. Amen.« (Schlußgebet nach dem Text von Kurt Wolff, ... es ist nicht zu fassen, Neuenkirchener Verlag, 1978, S. 49).

Alternativvorschlag zur Predigt

Für den Fall, daß dieser Sonntag Konfirmationstag ist, bietet sich ein Ansatz zur Predigt von Lk. 9,62 aus an, so wie er in folgendem Gebet von Kurt Wolff vorstrukturiert ist: »Herr Christus, heute sind wir eine festliche Gemeinde, ...« (Die Fortsetzung des Textes findet sich unter den Kontexten.)

Kontexte

Franz Kafka:

Der Aufbruch

Ich befahl, mein Pferd aus dem Stall zu holen. Der Diener verstand mich nicht. Ich ging selbst in den Stall, sattelte mein Pferd und bestieg es. In der Ferne hörte ich eine Trompete blasen, ich fragte ihn, was das bedeutete. Er wußte nichts und hatte nichts gehört. Beim Tore hielt er mich auf und fragte: »Wohin reitet der Herr?«

»Ich weiß es nicht«, sagte ich, »nur weg von hier, nur weg von hier. Immerfort weg von hier, nur so kann ich mein Ziel erreichen.«
»Du kennst also dein Ziel?« fragte er.
»Ja«, antwortete ich, »ich sagte es doch. Weg von hier – das ist mein Ziel.«
(Aus: Beschreibung eines Kampfes. © 1936, 1937 by Heinr. Mercy Sohn, 1946 by Schocken Books Inc. New York City USA. Europ. Lizenzausgabe im S. Fischer Verlag, Frankfurt a.M.)

Franz von Assisi:
Nichts anderes
Wir haben die Welt verlassen. Darum haben wir jetzt nichts anderes zu tun, als dem Willen des Herrn zu folgen und Ihm zu gefallen. Wir wollen uns sehr in acht nehmen, daß wir nicht Erdboden entlang des Weges noch steiniger und dorniger Acker seien. Der Herr sagt im Evangelium: Der Same ist das Wort Gottes (Lk. 8,11). Der Same fällt bei denen auf Erdboden entlang des Weges und wird zertreten (Lk. 8,5), die das Wort hören (Lk. 8,12) und es nicht verstehen (Mt. 13,19). Deswegen, Brüder, lassen wir, wie der Herr gesagt hat, die Toten ihre Toten begraben (Mt. 8,22).
(Aus: Die Demut Gottes, Benziger 1977, S. 43)

Herr Christus,
heute sind wir eine festliche Gemeinde.
Wir möchten heute
gerade nicht die Hand an den Pflug legen.
Wir möchten zurückschauen
auf die Jahre, als wir selbst Kinder waren,
als das sogenannte Leben noch vor uns lag,
oder die Jahre, als unsere Kinder heranwuchsen
und noch an uns glaubten.
Einmal möchten wir nicht aktiv sein müssen,
möchten einmal nicht voll da sein müssen,
sondern alle Arbeit vergessen,
möchten einmal keine geraden Furchen ziehen müssen,
möchten nicht auf das Ende des Feldes starren
und wieder und wieder umdrehen müssen,
von der Routine beherrscht.
Wir möchten feiern,
zurückschauen
und diesen Tag
über diesen einen Tag hinaus festhalten.

Herr Christus,
wir möchten
wenn es geht, mit dir in Verbindung bleiben
wie die Rebe mit dem Weinstock in Verbindung ist.
Du hast gesagt:
ohne mich könnt ihr nichts tun,
gar nichts.

Hast du auch das gemeint,
daß wir auch alles, war wir
mit Willen oder aus Gleichgültigkeit
gegen dich unternehmen,
nie ohne dich tun können?
Wir sind mit dir
auf Gedeih und Verderben in Verbindung.

Herr Christus,
wir möchten
dir nachfolgen und uns mit dir in Bewegung setzen,
um deine Welt in Bewegung zu setzen
oder wenigstens unsere kleine überschaubare Welt.
Wir möchten
mit deiner Hilfe Leute werden,
die gerade Furchen ziehen können,
die bereit sind, unbequeme Wege zu gehen,
die die eigene Zukunft hoffnungsvoll vor sich haben
und die deine Zukunft im Blick haben.

Solche Leute möchten wir wohl werden,
Herr Christus.
(aus: K. Wolff, ... es ist nicht zu fassen, Neuenkirchener Verlag, 1978, S. 48/49)

Die Mitarbeiter

Pfarrer Wolfgang Adam, Vellmar. Pfarrerin Roswitha Alterhof, Hofgeismar. Pfarrer Dr. Klaus Bümlein, Schifferstadt. Professor Dr. Gert Hartmann, Herborn. Pfarrer Walter Leopold, Korntal. Pfarrer Martin Lotz, Berlin. Pfarrer Dr. Wolfgang Lück. Darmstadt. Pfarrer Hellmut Mönnich, Göttingen. Dekan Johannes Seiß, Bamberg. Pfarrerin Renate Stäblein, Hannover. Pfarrerin Dr. Beate Stierle, Northeim. Pfarrer Dr. Reiner Strunk, Stuttgart. Pfarrer Gerhard Szagun, Hannover. Pfarrer Wolfgang Teichert, Hamburg. Pfarrer Gerhard Ulrich, Hamburg. Pfarrer Detlef Wendler, Essen. Pfarrer Gerhard Weßler, Hamburg. Pfarrer Matthias Wiechmann, Burg auf Fehmarn. Pfarrer Martin Zekl, Ebsdorfergrund. Pfarrer Klaus Zillessen, Kirchzarten.